英語教育
21
世紀叢書

【アイディア集】
「苦手」を「好き」に変える英語授業

瀧口 優——著

大修館書店

はじめに

高校入学希望者全入時代を迎えて

　20世紀を終えて，世界は確実にその距離を縮めており，その中でもインターネットなどの発達によって，瞬時にして世界の情報が手に入る時代になっている。100年前には世界と言えばはるか彼方を指していたが，テレビをはじめとした電波の発達によって，毎日の生活に世界の映像や音声が飛び込んでくる状況である。

　およそ50年前にスタートした現在の高校制度であるが，かつて高等学校は「中学校における教育の成果をさらに発展拡充させて，国家及び社会の有為な形成者として必要な資質を養うこと」（学校教育法：1947年）としてスタートした。勉強をやりたいという強い意志をもったものが入学するところという前提で，希望者についてはなるべくすべて入学させることがのぞましいということになっていた。

　しかし90年代には進学率が95％を超えるところまで到達して，少子化の中ではすべての中学卒業生が高校に入学するという事態を迎えている。文部省（現文部科学省）は「適格者主義」という立場で，高校入試を行うことを義務づけてきたが，定時制を含めれば，現実的には希望者のほとんどすべてが高校に入学してくるのが実態である。

　しかも中学校まではほぼ均等に生徒がクラスに分けられるのに対して，高校では全国どこに行っても学校間格差が作られ，ほとんどの高校生が大学に進学していく学校もあれば，進学が極めて少なく，多くの生徒が卒業後は就職したり家事についたりという

学校もある。

　大学への進学が多い高校では，大学受験という大きな目的があるので高校生も勉強せざるを得ないが，そうでない高校になると勉強に対する動機が弱く，授業への積極的な参加や集中に欠ける傾向がある。そうした多くの高校で，授業の成立に苦労している様子が日々マスコミなどを通じて伝えられている。

私のあゆみから

　私が高校教師として赴任したのは1974年であるが，新設3年目の高校は高校増設運動の初期にあたり，入学してくる生徒はあまり学習に積極的とは言えなかった。教師生活のスタートから英語が「苦手」な生徒に，どのように教えるのかという課題をつきつけられたことになる。

　もっとも，私自身が中学校時代に一度英語に落ちこぼれかかったという体験から，英語ができない生徒の気持ちを多少なりとも理解する感覚は身についていたような気がする。今から考えると，私にとって英語が苦手であったということは，英語教師としての最大の財産であったとも言える。いつもできない生徒のことを考えながら教材研究や授業を進めるという習慣が身についたからである。

　7年目に転勤した職場は，新設の1年目で校舎の無いところからスタートした。さらに，アルファベットさえあやしい生徒がたくさんいた。何とか学校に引き留めようと努力しても，1年間でクラスから数人が退学していくという状況で，英語を教える前に「進級させる」「卒業させる」がテーマとなった。

　しかし行きつくのは授業である。教科を教える教師である限り，毎日の授業を放棄するわけにはいかない。全国の先生方の実践を参考にしながら，実にたくさんのことを試みた。いくつかはまっ

たく他人の実践をそのままコピーしてみたり，あるいは少しオリジナルな要素を取り入れて取り組んでみたりの繰り返しであった。時々自分が思いついたことをやってみて，うまくいったこともあるが失敗したこともある。

　8年後に転勤した3校目は男子校であった。転勤当初の生徒は，多くが大学の進学を希望していて，多少の勉強もしていた。しかし年々入学希望者が減少し，欠員補充で定員を満たすという経過から，誰でも入学できる学校という評価になり，その結果として授業の成立さえ厳しい状況になった。私自身はそれまでの積み重ねの中で，授業の工夫さえしっかりとできれば，どんな生徒でも授業に参加する意欲を示してくれるという感覚が持てるようになっていたので，あわてることなく教材研究に取り組むことができた。

　高校教師最後の2年間は定時制高校であった。いわゆる「学力」という意味ではもっとも課題の多い学校であるが，英語の授業ではもっとも豊かに展開できた2年間である。何しろ1クラスの人数が少ないので，1人1人を大切にした授業を展開することができた。詳細については以下の章で述べるが，総じて25年の高校での英語教育は，実に楽しいものであった。

　はじめのころは，生徒に「どうして英語なんかやらなくちゃならないの？」とよく聞かれ，十分に答えられなかった。今はそういう声が出ること自体が，授業に対する不満であるということが見えるようになった。つまり自分の授業がうまくできていないことの裏返しということである。だから授業を工夫すれば必然的にそうした声は聞こえなくなる。

「生きる力」と「学力」

　今までは民間教育研究団体の中で使われていた「生きる力」が

今回,文部科学省の学習指導要領に言葉として取り入れられ,キーワードになっている。一方では「学力低下」が問題になり,教育行政そのものが混乱している状況もある。

「生きる力」は本来,すでに身に付いている知識や技術を生きていく上で有機的に機能させていくことを意味していたが,行政では「知識はなくても生きる力がある」という文脈でこの言葉を使用している。確かに生徒の中には,テストでは点が取れないのに,日常の学校生活や家庭,地域において,大人顔負けの活躍をしている例がいくつもある。彼らは本来的な生きる力を身につけているというのが私の考えで,ペーパーによるテストが得意でないだけの話である。

また「学力」という言葉も行政的には極めて限定的に使われている。「子どもの権利条約」批准に伴って,国連の子どもの権利委員会に日本政府が出した報告書では,「学力」を「scholastic ability」と記載している。直訳すれば「学業能力」であり,要するに学校の授業でどれだけの知識を身につけたのかが対象である。行政や産業界から出される文書は,すべてこの立場で貫かれている。一方,民間教育研究団体では,「学力」を生きる力も含めてとらえてきた。したがって授業の中で,あるいは学校生活において,テストとは関係なく活躍する生徒をたくさん引き出すことができた。つまり人間をどのようにとらえるのかが問われることになる。

「わからない」の内容を考える

生徒は頻繁に「わからない」という言葉を口にするが,彼らの「わからなさ」にはさまざまな段階がある。授業を聞いていなかったから「わからない」のか,聞こうとしたけれど聞こえなくて「わからない」のか,聞こえたけれど問いかけの意味が「わか

らない」のか，問いかけの意味はわかったけれど答えが「わからない」のかなど，さまざまに分かれる。

　英語の教師は多くの場合，ずっと英語が得意で来ているので，英語ができない生徒の「わからなさ」を理解するのはなかなか大変である。とりわけ英語が苦手な生徒たちは，何がわからないのか自分でもわからないほど英語がわからないのである。

　英語が苦手だった時期があったということが私の財産であるという言い方をしたが，その中でも特に大切なのは，彼らの「わからなさ」をより身近で共感できるということに尽きるかもしれない。それでも失敗はたくさんあった。

本書の内容について

　私自身が英語に落ちこぼれかかった経験と，英語教師として英語が苦手な高校生と数多くつきあってきた経験を生かして，今まで英語が「苦手」という生徒たちに少しでも英語を「好き」になってもらうように実践を積み上げてきた。そしてその実践や考え方を参考にしていただけたらと思うようになった。

　私自身，自分の授業については試行錯誤の連続であった。教授法に関する本がさまざま出されており，その中には授業に役立つものもあるが，高校のようにレベルが多様化しているところで教えるという点ではなかなかうまく当てはまらない。やはり実践的に学ぶことが必要で，同じ職場で教えている教師や他の学校で苦労している授業の様子を聞くことによって，授業のヒントがたくさん手に入る。英語の教師に限らず国語や社会，数学，理科，そして芸術，技術・家庭や体育などからも学ぶものがあった。

　また，学校外の研究会に参加することで学ぶこともたくさんあった。新任以来，民間教育研究団体の1つである新英語教育研究会の研究会や大会に参加して，実践や理論を学び，全国の優れ

た実践家と知り合うようになった。また埼玉県の高校教師として埼玉県高等学校英語教育研究会（埼玉高英研）に所属し，その理事として20年近くさまざまな勉強をした。あるいはさまざまな英語教育研究団体が集まって議論する日本英語教育改善懇談会（現在は日本外国語教育改善協議会）の事務局や大会を通して全国の状況を理解し，時にはそれぞれの団体の大会や例会に参加して多くのことを学んできた。

しかしながらもっとも参考になったのは，日々教えている生徒の声である。学期末や年度末に生徒に授業の感想や意見を書いてもらい，それを参考にして翌年の授業を組み立ててきた。毎日私の授業に参加している生徒であるから，私が手を抜いていることなどもしっかりと見ている。こちらが一生懸命やっていることについては多少やり方が下手でも「こうすればよくなる」というアドバイスをしてくれる。

もう1つ付け加えるならば，自分の授業を毎年振り返って見ることであろうか。私自身は「The Road To Tomorrow」というタイトルで28年間，毎年授業のまとめを行ってきた。1年間を振り返って，自分がどんなことをしてきたのかを確認するだけでもヒントになるし，次の1年間の方針を立てることもできる。生徒の声も記入することで，数年後に読んでも授業のヒントになる。トータルすれば，原稿用紙にして数千枚に及ぶものである。

本書はこうした私の試行錯誤をもとにしてつくられている。ただしテーマごとに整理したので時間的には前後していることになるのはご理解いただきたい。

現在英語を苦手としている高校生を相手に，日々努力を重ねている英語の先生方に，少しでもお役に立てれば幸いである。

『【アイディア集】「苦手」を「好き」に変える英語授業』目次

はじめに ——————————————————————— iii

第1章 「英語が苦手な生徒」の本質をとらえる　3

1. 生徒たちをどのようにとらえるか ————————————— 3
   - 1-1 生徒たちは勉強嫌いだろうか？ ———————————— 3
   - 1-2 人間の可能性を信じること ————————————— 4
   - 1-3 子どもの発達段階から ——————————————— 5
2. 教育とは何か ————————————————————— 6
   - 2-1 教えるとはともに未来を語ること ——————————— 6
   - 2-2 識字教育の中で —————————————————— 7
3. 外国語教育の目的をどのように考えるのか ————————— 7
   - 3-1 学習指導要領では ————————————————— 7
   - 3-2 民間教育研究運動では ——————————————— 8
   - 3-3 世界では ————————————————————— 9
4. 英語が苦手な生徒たちをどう受け止めるのか ———————— 10
5. 外国語教育としての英語教育のあり方 ——————————— 12
   - 5-1 外国語か第二言語か ———————————————— 12
   - 5-2 外国語教育としての英語教育の課題 —————————— 13

第2章 教科書をどう教えるか　15

1. 「よい教材」をうまく活かす ————————————————— 15

  1-1　年間計画の中に「よい教材」を位置づける————— 15
  1-2　「よい教材」の選び方————————————— 17
  1-3　授業での実践例——チャップリンの『独裁者』—— 19
  1-4　「よい教材」と英語教師———————————— 22
 2. 教科書教材を手直しして使う————————————— 23
  2-1　用語・語彙レベルでの手直し————————— 24
  2-2　段落レベルでの手直し———————————— 25
  2-3　全体的な手直し——————————————— 25
 3. 教科書教材を効果的に補足する————————————— 27
  3-1　教材内容を豊かにするために————————— 27
  3-2　教材への関心を高めるために————————— 30
 4. 音声や言語材料を重視する——————————————— 31
  4-1　外国語教育における音声の役割———————— 31
  4-2　外国語教育における言語材料の役割—————— 32
 5. 教科書教材を差し替える————————————————— 35
  5-1　教科会で一致できる場合——————————— 35
  5-2　教科会でまとまらない場合—————————— 36
  5-3　差し替え用教材の確保———————————— 36

第3章　「苦手」を「好き」に変える授業　　39

1. 生徒の言葉を豊かにする————————————————— 39
 1-1　日本語の指導と並行して———————————— 39
 1-2　辞書指導をどのように行うか—————————— 43
 1-3　生徒の語彙をどのように増やすか———————— 47
 1-4　訳読の効果的な活用——————————————— 53

1-5 カタカナ英語やローマ字の効果的な活用法 ─── 57
2. 教具や施設を活用する ─────────────── 61
　　2-1 教育機器をどう利用するか ─────────── 61
　　2-2 コンピュータをどのように活用するか ─────── 64
　　2-3 教科通信で授業をどう広げるか ─────────── 67
　　2-4 英字新聞の見出しや写真を活用する ───────── 73
3. 興味や関心を大切にする ─────────────── 77
　　3-1 英語の歌で授業をどう豊かにするか ────────── 77
　　3-2 ゲームを使って授業をどう活性化するか ──────── 83
　　3-3 授業に映画をどのように活かすか ─────────── 87
　　3-4 生徒を励ます到達目標と評価 ──────────── 94
4. 心のつぶやきを重視する ─────────────── 98
　　4-1 「英会話」から「自己表現」へ ────────────── 98
　　4-2 ALTと授業をどうつくるか ─────────── 105
　　4-3 絵で表現する授業 ──────────────── 110
　　4-4 俳句作りでこころをひらく ────────────── 114
5. クラス運営・学校行事と関連させる ─────────── 118
　　5-1 文化祭をどのように活用するか ─────────── 118
　　5-2 修学旅行をどのように活用するか ───────── 124
　　5-3 海外との交流をすすめる ──────────────── 130

第4章 生徒と創る英語の授業　　137

1. 生徒の声に学ぶとは ─────────────── 137
2. 生徒の授業への声を聞く ─────────────── 138
3. 生徒の悩みに答える──授業ノートの取り組みから ───── 140

4. 生徒が「参加」する授業をめざして ——————— 142
      4-1 授業における「参加」とは ——————— 142
      4-2 「参加」をめざした授業 ——————— 143
   5. 生徒が創る英語の授業をめざして ——————— 145
      5-1 生徒が創る授業とは ——————— 145
      5-2 班の中で生徒同士が学び合う ——————— 146
      5-3 新たな模索 ——————— 147

第5章 英語教育の未来形
——「あとがき」にかえて
149

1. 英語っていったい何を教えるのか ——————— 149
2. 外国語必修か英語必修か ——————— 152
   2-1 日本における外国語必修の背景 ——————— 152
   2-2 外国語＝英語の時代錯誤 ——————— 153
3. クラスサイズと教育条件 ——————— 154
   3-1 外国語学習における教育条件とは ——————— 154
   3-2 外国語学習におけるクラスサイズ ——————— 154
   3-3 実施時数 ——————— 155
   3-4 教材や機器 ——————— 155
   3-5 研修と財政 ——————— 156
4. 小学校の英会話 ——————— 157
5. コミュニケーションとは ——————— 159
   5-1 お互いに主張する中味があるということ ——————— 159
   5-2 お互いに主張しあうということ ——————— 159
   5-3 相手の主張をお互いに十分聞くということ ——————— 160

5-4 お互いに違いを認めるということ────────160
6. 教師の力量とは──────────────────────────161

資料編

1. 参考・参照文献及び資料──────────────────163
2. 英語の授業で使える「歌」一覧────────────166
3. 英語の授業で使える「映画・ビデオ」一覧─────174

【アイディア集】
「苦手」を「好き」に変える英語授業

1 「英語が苦手な生徒」の本質をとらえる

1 生徒たちをどのようにとらえるか

1-1 生徒たちは勉強嫌いだろうか？

　生徒たちの勉強に対する意欲のなさを「勉強嫌い」という言葉で処理してしまう傾向がある。たしかに授業をしている教師にとって，教科書は持ってこないし，授業中にはおしゃべりや化粧，居眠りなどをする，とくれば，どうしても「勉強嫌い」と言いたくなってしまう。

　もっとも大学進学を目指している生徒たちが勉強好きかと言えば，決してそうではなく，大学に入学したとたんに勉強することを放棄して遊んでしまう学生も多い。すべての学生がそうであるとは言えないが，少なくとも大学で教えている多くの先生方がそう感じているのではないだろうか。

　では生徒たちは本当に勉強嫌いなのだろうか。私の25年間の高校教師としての体験の中では，生徒たちは真実を知りたい，自分の知識を増やしたい，できるようになりたいと思っているし，そういう姿をたくさん見てきている。決して大学に進学する生徒たちではない。私自身は定時制も含めて，どちらかと言えば勉強の

第1章 「英語が苦手な生徒」の本質をとらえる —— 3

苦手な生徒の多い高校ばかりで英語を教えてきた。アルファベットがまともに書けない生徒をはじめとして，中学校で習う英語の基礎がほとんど身についていない生徒たちである。しかも小学校で身につけなければならない算数や国語の基礎さえあやしい生徒もたくさんいた。

　そうした英語が「苦手」というより「嫌悪」している高校生が，自分が今まで知らなかったことを知り，できなかったことができるようになることに大きな喜びを表現する。そんな生徒たちに「英語嫌い」というレッテルを貼ることはできなかった。むしろ英語を嫌いにさせている学校や教師の責任を感じてしまう。英語に限らず，何事においても「お前はできない。」「だめなやつだ。」という烙印を体中に押されて，自分を素直に表現することができなくなっている高校生をたくさん見てきた。小さい頃からさまざまな競争にかりたてられ，人間不信に陥っている生徒たちの姿も数多く見てきた。その彼女たち彼らが，友だちや教師の励ましの中で，自分の居場所を見つけてがんばっている姿を見るにつけ，私たち教師の責任を感じないわけにはいかない。

1-2　人間の可能性を信じること

　「確かに，あんたが道を踏み外したのは，あんただけのせいやないと思う。親も周囲も悪かったやろう。でもな，いつまでも立ち直ろうとしないのは，あんたのせいやで，甘えるな！」，これは『だから，あなたも生きぬいて』（講談社）の中で，現在弁護士として活躍されている大平光代さんが「極道の妻」になるところまで落ち込んだときに養父に言われた言葉である。彼女はそれを聞いて「落雷にあったように体中に電気が走り」，独学で勉強をして司法試験に合格した。彼女ほどでないにしても，多くの生

徒たちが自分の可能性を信じることに格闘しているのである。

　私は英語の教師として、まず「英語が苦手」という意識をなくしてほしいという願いから、授業に英語の歌や映画を取り入れ、生徒の生活を英語で書いたり話したりする自己表現に積極的に取り組んできた。

　私自身中学校時代に一度英語が苦手となってしまったが、教師になるという想いが英語への接点となって、現在英語を教えるという立場に立っている。「苦手」意識を持つことがどれだけマイナスに作用するのか身をもって体験してきたので、特にその想いが強いのかもしれない。もっともその苦手意識があったからこそ、教師になってから英語が苦手な生徒の気持ちがよくわかり、自分の教え方に大いにプラスになったということもある。

1-3　子どもの発達段階から

　高校生をどう見るか、ということについても一言触れておく必要がある。英語の授業だけでなく、生活指導の観点からも大切なポイントである。

　子どもの発達についてはさまざまな視点があるが、母語を身につける3歳までと、抽象的な思考ができるようになる9歳から10歳を大きな節にして、高校生は肉体的にも精神的にも大人と同じレベルの人格を身につけることになる。日本の高校生を見ていると表面的には幼いところがたくさんあるが、それは育て方の問題であって、親や教師がいつまでたっても子ども扱いをするからである。したがって、英語の授業の中でも生徒を大人としてどのように扱っていくのかがポイントになる。

　フランスの哲学者ルソーは著書『エミール』の中で、主人公エミールが初めて読む本として『ロビンソン・クルーソー』をすす

めているが、その基本理念は自然の中でどう生きていくのかという「生きる力」の獲得を柱にしている。『エミール』は子どもの発達段階をふまえながら、基本的には人間の発達に信頼を寄せて書かれている。

2 教育とは何か

2-1 教えるとはともに未来を語ること

今までの教育は、教師が自分の持っている知識をいかにして生徒に授けるのかということが中心課題であった。そして現在もそのように考える人がたくさんいる。教師自身が学びの過程で教師から知識を授かっており、自らの体験としてからだにしみ込んでいるので、そのしばりから解放されるのはなかなかむずかしいものがある。私自身もそのしばりによって、実践的には極めて不十分な点もある。少しずつ解放されてきたが、学びの形式としては机上で知識を身につけていくということになってしまう。

フランスの詩人ルイ・アラゴンはその書の中で「教えるとはともに未来を語ること」と語っているが、「ともに未来を語る」ためには生徒の可能性を信じるだけでなく、今の生徒に確信が持てなければならない。残念ながら私自身が完全にそういう立場に立っているとは言えないが、日々1歩でも2歩でもその境地に近づけたらと願いながら授業を進めている。

またブラジルの教育学者パウロ・フレイレは、識字教育の視点から学習そのものを権利の獲得として位置づけている。知識や技術の獲得そのものが生活を通して行われない限り、本当の「学習」にはならないということである。

2-2　識字教育の中で

　1990年は国連の定めた「国際識字年」であったが，世界各国では識字教育のためにさまざまな取り組みを行ってきている。ニュージーランドではマイケルという1人の若者が，文字が読めない状況の中で園芸に取り組むことを通して，自分の読み書きの必要性を痛感して努力を重ね，その苦闘の記録を『読み書き，我が勲章：私はいかにして読み書きを習得したか』というタイトルで出版した。

　彼は学校にいる間，文字が読めないことや書けないことを隠しながら生活をし，それがどんなに苦痛だったのかを告白している。その彼がふとしたきっかけで読み書きに挑戦し，見事に本を出版するところまでになるのである。ニュージーランドはこの事実をふまえて，すべての国民の識字を保証するために最大限の努力を行ったことも重要なポイントである。

　教育とは，できないことができるようになることを有効に援助することであり，どんな生徒も発達の可能性を持っていることに確信を持つことではないだろうか。

3　外国語教育の目的をどのように考えるのか

3-1　学習指導要領では

　日本の外国語（英語）教育の進展に大きな影響を与える文部科学省は，ほぼ10年ごとに学習指導要領を改訂し，目的について冒頭で次のように触れている。

「外国語を通じて,言語や文化に対する理解を深め,積極的にコミュニケーションを図ろうとする態度の育成を図り,情報や相手の意向などを理解したり自分の考えなどを表現したりする実践的コミュニケーション能力を養う」

小学校から英語を国際理解教育の一環として導入しようとしながら,前回の指導要領の目標にあった「国際理解を深める」という表現は消えてしまっている。今から50年も前の指導要領とは,内容も格調も比較にならないほどお粗末になってしまった。

3-2 民間教育研究運動では

新英語教育研究会はその創立から「英語教育の目的」が議論となり,そのエネルギーが教組教研の「外国語教育の四目的」として結実した。

確定後30年が過ぎ,新しい世紀を迎えて,1年間の論議をふまえて次のように改訂された。

① 外国語の学習を通して,世界平和,民族共生,民主主義,人権擁護,環境保護のために,世界の人びととの理解,交流,連帯を深める。
② 労働と生活を基礎として,外国語の学習で養うことができる思考や感性を育てる。
③ 外国語と日本語を比較して,日本語への認識を深める。
④ 以上をふまえながら,外国語を使う能力の基礎を養う。

また英語教育だけでなくさまざまな外国語教育に関わる研究団体が集まって開いた大会では,21世紀を迎えて,「言語教育の目的」を次のように確認して,提言している。

① 言語は人類に共通の能力であり手段であるとともに，民族，集落，地域など各集団ごとに異なるものであることを知り，また言語を使用することを通してそれを体験すること。
② 言語は人間の成長発達や生活に深く関わるものであることを知り，また言語を使用することを通してそれを体験すること。
③ それぞれの言語には特有のルールがあることを知り，また言語を使用することを通してそれを体験すること。
④ 言語は，他言語との関わりによって，それぞれ独自の変化をするものであることを知ること，および体験すること。
⑤ 言語は，自他を問わず人を生かすことも，傷つけることも，癒すことも，さらには殺すことさえもできるものであることを知ること。

(日本外国語教育改善協議会
「日本の外国語教育の改善に関する提言」より)

外国語教育は単に技能としての教育ではなく，人間形成や国際交流，国際連帯，平和などを視野に入れて進める必要があるとしたものである。この視点から，どのような教材をどのような方法で取り上げるのかが見えてくる。

3-3 世界では

世界の教育について集約をしているユネスコは，世界各国の文部省に対して1965年にIBE*(International Bureau of Education)勧告を出している。その中で目標については次のようにま

---

* IBE（国際公教育会議）はユネスコの機関としてジュネーブに本部が設置され，ユネスコ総会に教育に関する提言や勧告を提出する組織である。

とめている。

> 現代外国語の教授はそれ自体が目的ではなく、その文化的及び人間的側面によって、生徒の心と性格を訓練するのに役立ち、国際理解の向上と民族間の平和で友好的な協力の確立に貢献すべきである。

すでに世界は35年以上も前に、外国語教育の目的を、単に言葉だけの問題ではないことを明らかにしている。「国際理解の向上」のみならず「民族間の平和で友好的な協力の確立」まで踏み込んで提起しているわけで、それに比べると日本の学習指導要領の目標があまりにも貧困なものになっていると思わざるを得ない。

4 英語が苦手な生徒たちをどう受け止めるのか

英語の授業は休みがちで、授業中もなかなか集中できない I 君が、「授業ノート」(p.140 参照)の中で次のように書いている。

> 最近また休みぐせが出てきたので気をつけたいと思う。その休みぐせのおかげで授業についていけなくなったので、みんなに追いつくように頑張ります。もうすぐ中間テストがあるので、今からテストに向けて準備したいと思います。(IM)

英語が苦手で授業をサボりがちな生徒がいると、どうしてもやる気が無いと色眼鏡で見てしまうこともある。しかしそういう生徒も、ここにあるように、自分がサボっていることを認識して、自分なりに前向きに努力しようという気持ちは持っている。

次も「授業ノート」に書かれた生徒の気持ちである。高校は学校間格差が激しく、自分が入学した高校を口に出せないということもしばしばある。そんな生徒たちも入学当初や新しい年度の始

まりにあたっては「今年は頑張ろう」という気持ちを持っている。それを大切にしてあげると大きく変わっていく姿に出会うこともある。

> 英語の基礎を選択して，自分は高校の最初の方からやるのかと思っていたけど，いざ授業をやるとアルファベットからやるとは思わなかった。なめてかかったけど，ふだん筆記体しか書かないので，ブロック体が書けなくて，正直言ってショックだったけれど，自分の忘れていたことが一つ一つ思い出していけると思うとすごくいいし，基礎の基礎からできるので，すごくこのやり方はうれしい。(TH)

この生徒は，英語の選択でやさしい基礎のコースを選んだときの感想をノートに書いてくれた。自分ができないということを認識させられてショックを受けながらも，自分の弱点を克服しようという気持ちが見える。

自分ができないということをつきつけられると逃げ出したくなる気持ちと，何とかしなければという気持ちが交錯し，しかも圧倒的に逃げ出したいという気持ちが強い。そんなときに「頑張れば何とかなる」と励ましながら，いっしょに彼らの努力に付き合ってあげるゆとりがあると，生徒にとっては本当に励みになる。

私の家ではテスト前になると生徒たちが集まり，徹夜で勉強して試験に臨むという姿がたびたび見られた。英語だけでなく数学や物理なども勉強の対象である。赤点を10個も抱えている生徒もいた。お互いに励まし合いながら「頑張って」進級や卒業をしていった。

5 外国語教育としての英語教育のあり方

5-1 外国語か第二言語か

　さて前置きが長くなったが，英語が苦手な生徒に対してどういう英語を教えるのか，ということを考えなければならない。その際に論議されるのが，「外国語としての英語」か「第二言語としての英語」か，ということである。首相の諮問機関である「21世紀日本の構想懇談会」では，「英語を第二公用語に」という方向も出されていたが，とんでもない間違いである。アジアやアフリカのいくつかの国々のように，英語を公用語にしないと国内のコミュニケーションがとれないなら別であるが，日本語で十分通用するのである。そして海外との交流や連帯で言えば，隣の韓国や朝鮮民主主義人民共和国との関係においては，朝鮮語を学ぶことが経済的にももっとも有効であり，中国なら中国語，ベトナムならベトナム語である。さまざまな外国語を学んでこそすべての地域とのコミュニケーションが豊かになり，そのことが国と国との信頼関係をつくり，結果として経済的にもプラスになるはずである。私はベトナムにおもちゃを送る運動を行っているが，結局英語ができる人としかコミュニケーションができない。たとえ一言でも現地の言葉を使うことが，どれだけ現地の人に親近感を与えるかということを考えれば，日本において英語を第二公用語にするなどというのは論外であるのは明らかである。

　まして2002年から実施されている新しい学習指導要領で中学校の英語の時間を週4時間から3時間に減らしたり，1クラスの人数を40人のままにしておいて，第二公用語などというのはとんでもない話ではないだろうか。もちろん英語を話せるようになるこ

とを否定するものではないが，実際に英語を話している国に行ったときに，ある程度時間がたてば英語を使えるようになる基礎を身につけるのが，中学や高校における英語教育の基本であろう。

5-2 外国語教育としての英語教育の課題

それでは，外国語教育としての英語教育はどうあるべきであろうか。まず第1に英語は「ことば」であるから，人間が日常の生活に使用し生きる道具として活用していることを抜きには考えられない。したがって英語の学習には人間の生活や生き方が不可欠となる。教材として採用される文章はもちろんであるが，単語を1つ選ぶにもその観点が必要である。英文を取り上げる場合には，内容があり，知的精神的に感動を与えるものが望まれる。

第2に，何よりも英語を話す人々との連帯が重要である。英語を学ぶのは金もうけのためではない。金もうけのためであると考える人もいるようであるが，そんな考えで本当に豊かになれるとは思えない。英語を学び英語でコミュニケーションができるようになるということは，相手との理解が深まり連帯の意識が育つということである。大きく言えば平和を築く鍵にもなる。自分の英語が通じたという喜びは，相手との相互理解や連帯ができたという確信からくるものである。

第3として，英語を学ぶことが日本語を豊かにすることにつながらなければならない。英語を学ぶことによって，むやみに英語の単語をカタカナ英語として使う傾向があるが，とんでもない間違いである。市役所によってはカタカナ英語をできるだけ使わないようにするための手引きを出しているところ（川崎市など）もあるが，すぐれた見識であろう。きちんと主語を位置づけ，すぐに結論である動詞を持ってくる英語と，主語が曖昧で結論にあた

る動詞が最後にくる日本語の違いから，日本語の特徴も理解することができる。

　第4として，文字も文の構成も日本語と大きく違う英語を，どのようにしたらわかりやすく学べるのかを明らかにする必要がある。どのような教材を使ってどのような手順をふめば多くの生徒たちが理解できるのか，とりわけ英語を話したり書いたりするというコミュニケーションの立場で考えたときに，どんなことが考えられるのかを明らかにする必要がある。早くから英語をやれば英語ができるようになるとか，早くから英会話をやれば英語がペラペラに話せるようになるという幻想に振り回される必要はない。

　この本では，英語が苦手な生徒たちにどのようにして英語を教えるのかをいくつかの視点から捉えようとした。1つは生徒や教師の疑問を通して，そして私の25年間の実践を通して，あるいはあちこちに出されている英語教育に関する資料を通してということである。

　回答を出すというほどにはいかないかもしれないが，授業をより豊かに進めるきっかけになれば幸いである。今後も日本人のための「外国語教育としての英語教育」を柱に据えて研究や実践を進めたいと考えている。

2 教科書をどう教えるか

1 よい教材をうまく活かす

1-1 年間計画の中に「よい教材」を位置づける

　第1章で「英語が苦手な生徒」についての分析を試みたが，そうした生徒たちに対して，すべての高校において使われている検定教科書で，どのようにしたらその英語に対する苦手意識を克服していけるのかということが次の課題となる。苦手意識を持っている生徒にとっては，英語を見ることさえ苦痛という場合もあり，導入の方法でも大いに工夫をする必要があるが，より本質的にはどのような教材を提示するかということが課題の中心となってくる。そこでいわゆる「よい教材」というものがクローズアップされてくるのである。

　「よい教材」というのは，あくまでも個々の教師の基準で選ばれるものであり，授業で「このようにやってみたい」とイメージが膨らむ教材である。この教材ならば生徒たちに環境の問題を考えさせることができるとか，この教材なら生徒たちを集団的に活動させられるとかというものであるが，言い換えれば教師が自分の全存在をかけて取り組める教材が「よい教材」である。

教師が熱を入れて取り組む教材に対して，生徒は極めて敏感であり，自分たちへのメッセージを感じるものである。「よい教材」はその教材の中味を通じて，生徒たちの豊かな発達をめざすと同時に，教師自身が生徒たちへのメッセージを伝えることができるものである。英語がわからないと逃げている生徒たちに，「英語でこんな素晴らしい教材も読めるんだよ」と迫ることによって，心を開いていく手がかりとなる。英語が苦手な生徒にとって，ただ英語を知識として教えようとしても，「自分はできない」と思っている気持ちを揺り動かすことはむずかしい。「よい教材」とは，英語に対して閉じた生徒の心を開けていくための教師の鍵でもある。教材への思い入れは，鍵を開ける力の強さとも言える。

　すべての教材がそうした「よい教材」であれば，生徒の「英語をわかりたい」という心を動かす力は非常に大きくなる。実際には他の人が作った検定教科書を使うわけで，自分の思いにぴったり一致する教科書を見つけるのはむずかしい。ただ，高校では各学校が教科書を採択できるようになっており，しかも担当の学年はほぼ決まってくるので，あらかじめ「よい教材」が多く，使いやすいと思われる教科書でスタートできるという点でのやりやすさはある。

　最近の教科書は，人権や環境，平和，国際理解などをテーマとした教材が必ず複数載っており，それらは概して内容の取り扱いも悪くはない。

　私は3月中に自分の1年間の授業を振り返って文章にまとめ，次の年度の計画を科目や分野に沿って立てることにしているので，教科書の中で自分が力を入れて教える教材を，その段階で位置づける。

　「よい教材」とは，教師が生徒に英語の楽しさを訴え，英語をわかってもらいたいとエールをおくる機会を作るものであり，そ

の機会を年間の授業に位置づけることによって,「英語がわからないから」と逃げていた生徒たちに,前を向かせる機会を多く作ることになる。

1-2　「よい教材」の選び方

　前述のように,教科書すべての教材が「よい教材」であるということはほとんどあり得ない。生徒は地域によってさまざまな文化を身につけており,同じ教材がすべての生徒にあてはまるということもあり得ない。そこで教師自身が,自分の接する生徒たちに,どんな教材がふさわしいのかを常に考えておく必要がある。

　私自身は教師になったばかりにはそのような視点を持てなかったが,長年の積み重ねと毎年の授業の総括を通じて,今では次のような柱で教材を選ぶことにしている。

　ア．生徒や学生を主体者としてとらえ,その生活に根ざしたもの
　イ．人間の愛や生き方のすばらしさを扱ったもの
　ウ．自然や科学の持つ力の偉大さを知り,自然保護・環境保全の大切さがわかるもの
　エ．圧迫や差別に怒り,民族の共生や世界の人々の交流と連帯をめざしたもの
　オ．労働や人間の協力が人類の歴史を築きあげたことを知ることができるもの
　カ．芸術的な真実に満ち,香り高いもの
　キ．言葉の持つ素晴らしさやその問題を扱ったもの
　ク．自国の文化や他民族の文化を知り,違いと同一性がわかり尊重できるもの

ケ．戦争や平和について考え，戦争のおそろしさ・加害責任と平和の大切さを理解できるもの
　コ．女性，子ども，社会的弱者，少数民族の立場を積極的に扱ったもの
　サ．生徒や学生に考える機会を与え，積極的に表現する意欲を引き出すもの

　いずれの項目も目安であり，基本的には私が読んでみて，「よかった」と感動できる教材，授業での扱いが具体的にイメージできる教材であることがポイントになる。
　これらの教材選択の基準は，あくまでも私個人のものであり，たとえ同じ表現を使ったとしても，その人間の持っている感性や考え方によって選ぶ教材は違ってくる。それは長い時間かけて培ってきた自分自身の「心のよりどころ」であり，簡単に変えられるものではないが，絶えずこうした基準を意識しながら，教材に触れたり授業で実践することによって，日々豊かになっていくのではないか。つまり自分自身の人間性が，そのまま教材を選ぶ基準として表現され，生徒へのメッセージとして伝わっていく。生徒たちは，教師がどのような姿勢でものを考えているかを，教材の取り上げ方や接し方で見抜いてしまう。
　結論的に言えば，教師自身がどれだけ教材を選ぶ基準にふさわしい生き方をするかが「教材を見抜く」ポイントであろう。表面的には荒れていたり暴力的に見える生徒も，心の中は結構純粋だし，人のためになることに喜んで取り組むやさしさを持っている。教師が演説を行わなくとも教材への姿勢から読みとっていくのである。

1-3 授業での実践例——チャップリンの『独裁者』

1.3.1 教科書の扱い

　1970年代にチャップリンが亡くなり，彼の映画や自伝が多く紹介される中で，彼が平和を大切にしているということが重要なポイントとなって，1980年代には彼の映画が教材として取り上げられるようになった。中学校の教科書にも彼の生き方が登場するようになったりと，定番となった教材とも言える。

　チャップリンは無声映画にこだわったことから，英語の授業として音声が使える映画は『独裁者』『殺人狂時代』『ライムライト』などに限られてしまうが，その中で『独裁者』は最後の感動的な演説場面を音声教材としても位置づけることができる教材である。私が授業で扱った教科書では，演説の中から比較的英語がやさしいところを3か所選んで構成されていた。

1.3.2 授業の導入では

　はじめに，チャップリンを扱ったレッスンに入るという確認のもとに，小さな紙を配ってチャップリンについて知っていることを何でも書いてもらう。生徒は隣近所で相談しながら，ステッキと帽子姿のことやテレビで放送されたことを雑談しながら書いていく。3分ほど後に数人指名して，書いたものを発表してもらい，それを黒板に書いていく。生徒がそれぞれ書いた紙は後で集めて，次の授業に一覧として生徒に配布する。チャップリンについての生徒の初期イメージが見えてくる。

　続いて，彼の小さい頃の生活や映画に関わるようになってからのことをまとめたプリントや資料を配布する。私の資料では，ロンドンでやっと探し当てたチャップリンが幼少の頃住んでいた家の写真や，スイスの Vevey（レマン湖畔）にある彼のお墓とそこ

の公園にある銅像の写真，Tシャツなども用意した。授業にそのTシャツを着ていったこともある。英語が苦手な生徒たちの生活をのぞくと，チャップリンの幼少時代とも重なるものがあり，共感を得ることが多い。導入の最後として，彼の演説をテープで聞かせる。聞き取ることはあまりできないが，チャップリンの何かを訴えようという気持ちは伝わってくる。

1.3.3 内容理解

ところどころに長い文章があるが「I am sorry but I don't want to be an emperor.」「You are not machines.」「Fight for liberty.」などは，英語が苦手な生徒でも単語さえわかれば何とかなるので，グループやペアで意味を確認させることにしている。全体としては長文を中心に黒板で理解させ，訳はあとで配るだけにする。とは言っても長い文章だと1時間の授業で3つで終わってしまうこともあるが。あとは発問によって内容の理解を確認したり補足したりする。

文法についてはできるだけ簡潔にして，ポイントだけを押さえるようにする。主述や語順，準動詞などを日本語との対比で説明する。

1.3.4 映画を見る

『独裁者』の映画は140分なので，全部を見せようとすると授業3回分になる。幸いなことに私の勤務していた高校は，統一進度にこだわらなかったので，自分の判断で見せることができた。最後の40分だけ見せて，その前の部分は私がストーリーを解説したこともあったが，生徒の反応も悪く不満も多かったので，最初と最後は見せて，真ん中を「語り」でつないだこともある。3時間のゆとりが生み出せるときは全部見せるようにしている。ただ

し欠席する生徒もいるので、あらすじについては別途プリントなどを用意しておかないと、せっかくの映画もその意味がわからないということになる。

なお、映画を授業の導入で見せることもあったが、演説の中味を読みとって、さらにその英語を読んでからの方がより効果的であると考えるようになった。

1.3.5 暗唱へ

この課に入る前に、「チャップリンの演説は暗唱してもらう」ということを宣言するので、映画を見終わると暗唱がスタートすることになる。全部をまとめてとなると、はじめから取り組まない生徒も多いので、3つのセクションをさらに半分にわけて、6つの部分を1つずつ暗唱していくという手順をとった。読めないと思われる単語にはカナをふらせる。授業のはじめに毎回10人ほど暗唱を行い、間違いが5つ以内であれば合格として次の部分に移っていく。2週間に1回は他の生徒の前で暗唱し、できなかった場合は私のところにきて発表するという形にした。高校3年生の2学期途中から実施した暗唱は2月の家庭研修期間までずれ込んだが、結局はすべての生徒が暗唱を終えることができた。

はじめはとても無理だと言っていた生徒も、自分のまわりが1人また1人と終わっていくので、それがプレッシャーとなったと同時に、みんなができるならば自分にもできるはずだ（そう励ましたが）と思うようになり、取り組みはじめたらあっという間に終わってしまった生徒もいる。中には1時間目の休み時間にきて1つ目の暗唱を合格し、次の休み時間で2つ目、3時間目の終わりで3つ目、という具合に、1日で6つすべてを合格してしまった集中派もいる。他の授業中に覚えていたという問題はあるのだが。彼らは決して能力がないわけではなく、「できる」という実感が

持てていないだけだというのを，改めて認識させられたのもそのときである。本人たちも自分の力に驚いているのである。

なお，1つずつの暗唱を終えた生徒には，全部を通して暗唱することをすすめた。その際には，私自身が全文の暗唱を生徒の前で披露して後押しをした。残念ながら数人の生徒が果敢に試みただけに終わってしまったが，早くから全文を通しての暗唱を提起すれば，かなりの生徒が到達できたのではないかと思われる。生徒たちは音声の面ではかなりのことができるという実感をもったからである。

1-4　「よい教材」と英語教師

中学校の英語が週に3時間になった1980年代は，英語を音読するという点での力が格段に低下し，財団法人日本英語検定協会の音読のテストにおいても極端に力が落ちていた。とりわけ英語が苦手な生徒にとって，声を出して英語を読むということは極めてむずかしいこととなり，なかなか声が出ないというのが一般的であった。また，中退者の数も激増し，何のために高校に行くのかがわからないまま入学してくる生徒も多くなった。

チャップリンの教材を使うことによって，生徒は平和のために命をも惜しまないという彼の生き方に共感し，演説を通して彼のメッセージを体で感じ，自分の生き方を前向きに考えるようになった。また彼の演説の力に押されて，暗唱をやりきったことで自分にも英語ができるという自信が持てるようになった生徒も多い。何よりも私自身が，質の高い教材によって引き出された生徒の力に，大いに励まされた授業でもある。

以上の実践をふまえてもう一度「よい教材」を考えると，そこには単に内容がよいだけでなく，音声的にも視覚的にもよいもの

が望まれるということになる。残念ながら両方を合わせたものはそれほど多くはないので，ALTが多くなっている昨今では，音声については彼らに力を発揮してもらうことも考えたい。

今まで多くの「よい教科書教材」に出会ってきたが，それらはできるだけコピーしてファイルしている。いざというときにそれらを投げ込み教材や差し替え教材として使えるようにである。

結局，教科書の「よい教材」という場合は，利用する教師が持っている関心や人間観に合っているもので，その扱い方が納得できるものであることになる。言い換えるとその教師が理科系に弱ければ，どうしてもその分野の教材には積極的になれないのはある意味で当然のことである。英語教師はオールマイティではないので不得意な分野があって当然であり，その分を得意な分野で補えばよいのではないか。その代わり自分の得意な分野については誰にも負けないだけの資料と実践力を備えることである。

もっとも，英語ほどさまざまな分野に首をつっこめる教科も少ないので，自分が苦手な分野にも積極的に取り組むことによって今まで見えなかった教材のよさも見えてくる場合がある。ピカソなどの芸術に関する教材に出会えば，その分野の知識や用語を学び，スポーツに関する教材ならばまたその分野のものを身につけることができるわけであるから。とにかく教材は多様である。

2 教科書教材を手直しして使う

英語に限らず教科書は「絶対に正しい」と思い込んで，その手直しをすることなど考えもしなかった時代もある。しかし教科書の教材は各課が継続して学ばれるという前提で，語彙や語数などが限定されて作られている。その結果としてキーワードでありな

がら，むずかしいという理由ではずされてしまったり，長すぎるという理由で文章が削られたりして，かえって理解しにくい英文になっていたり，生き生きとした描写が失われていたりすることが多い。

そこで多少なりとも教材を手直しするという状況も生まれる。時には事実が違っているということから書き直さざるを得ないこともある。教科書の検定では語法などの誤りだけでなく，内容についても是非はともかくとしてチェックするようである。したがって教科書はそれなりの事実を取り上げているはずであるが，検定官もあらゆる分野に精通しているわけではないので，チェックしきれない場合もある。

最近では各高校に ALT が訪問しているので，書き換えた英文が妥当であるかどうかの相談もできる。

2-1 用語・語彙レベルでの手直し

書かれた原文は具体性のあるものが一般的であるが，それだけに用語や語彙はかなり専門的であったり限定的であったりする場合が多い。その結果として教科書に載せられるときは，できるだけやさしい表現に書き直されることになる。教科書の宿命ともいえるが，教師としては1語にもこだわりたいものである。

教科書の英文を読んでみて，情景を具体的にイメージしてみるとときどき画像が描けなくなることがある。そういう場合は用語や語彙に何か不具合があることが予想される。教師用マニュアルに載っている原典や関連資料などにあたってみるとその原因に出会うこともある。

授業では生徒にまず情景を思い浮かべさせることからはじめる。1文1文読みながらその風景や人間関係を確認していくと，生徒

からもこの単語はおかしいということが出てきたり，こちらからイメージを問い掛けていくと「わからない」という答えが返ってくるので，みんなで意見を出しあうことにする。それぞれが出しあった後で原典を紹介し，彼らの疑問や推測が正しかったことを確認する。

2-2　段落レベルでの手直し

　全体を短くするために英文を削ってしまうので，時には段落全体がイメージできなくなることもある。文章を短くするというのは結局のところ英文そのものを削るか修飾語句を削るかのどちらかであり，いずれにしても具体的なイメージが抱きにくくなる。

　数行の段落を補い手直しすることで，生徒にとって具体的なイメージが描けそうだという場合は，それを行うことが求められる。特に物語の場合は，教科書の長さにあわせるために段落がそっくりカットされることもある。そういう場合はプリントでもとの英文を配布し，書かれてあったことを確認する。

　教科書の教材では，特にレッスンの最後が道徳的にまとめられてしまう傾向がある。「環境を守らなければならない」「ゴミを捨てないようにしよう」「弱い人を大切にしよう」などがその典型であるが，「なぜ環境が破壊されているのか」「なぜゴミがたくさん出るのか」「なぜ弱い人が差別されるのか」ということには触れない。そんなときには生徒と相談して，グループで「自分たちならばどんな英文にまとめるか」を考えさせることもできる。

2-3　全体的な手直し

　次の文章はワイルダーの「These Happy Golden Years」を手

直ししたものを教科書に取り上げたものである。授業では補足資料をプリントで作成し、配布した。（　）内が教科書の扱いであるが、全文にわたって原典との比較をしながら、1つ1つ意味の違いを確認していく。

　Sunday afternoon was clear, ① and the snow-covered prairie (and the prairie covered with snow) sparkled in the sunshine. A little wind blew gently from the south, but it was so cold that the sled runners squeaked as they ② slid on the hard-packed snow (went along on the snow). The horses' hoofs made a dull sound, clop, clop, clop. Pa did not say anything.

　Sitting beside him on the ③ board (sled) ④ laid across the bobsled (削除), Laura did not say anything, either. There was nothing to say. She was on her way to teach school.

　Only yesterday she was a schoolgirl; now she was a ⑤ schoolteacher (削除). This had happened so suddenly. Laura could ⑥ hardly stop (not help) expecting that tomorrow she would be going to school with little sister Carrie ⑦ and sitting in her seat with Ida Brown (削除). But tomorrow she would be teaching school. (以下略)

　②では hard-packed がなくなったことによって、そりで進んでいる道が、人がよく通っているという事実が消えてしまうこと、③ではもともと「board」で簡単な板の上に座っていたという状況が、きれいなイメージに変えられてしまう。生徒にこの「sled」をイメージさせると、いずれもきれいなそりを想像してしまう。

3 教科書教材を効果的に補足する

3-1 教材内容を豊かにするために

　教科書は著者たちがバランスや分野を考えて教材を選択しているものであり，1年間を通せばそれなりに総合的な学びができるという配慮がなされている。しかし，所詮100ページ前後ですべての分野を網羅することはできないし，レッスンが分けられると1つの課で記述されることは極めて限定される。

　高校の英語教科書は数十種類編集されていて，超進学校と言われるところから中学校の基礎からやらなければならない高校にいたるまで，選ばれる教科書はさまざまである。中学校の基礎からやらなければならないところは英文も少なく，そこで表現されていることは限定される。高校生が学ぶ内容としては情報量があまりにも少なく，何かを学んだという意識を持つには不十分なことが多い。そこで教材内容を豊かにするための手立てが必要となってくる。

　また多くの生徒が英語だけでなく一般的な知識も不足しているという傾向があり，英語を通して以外の情報もできるだけ提供する必要がある。

3.1.1 プリントなどを使って

　教材を補足する上でもっとも一般的な方法はプリントを作ることである。もちろん最近では教科書にあわせてプリント集なども作られているので，内容さえよければそれをそのまま使うということも考えられるが，自分が納得いくものということになるとこだわらざるを得ない。

以前は印刷の技術もそれほど進んでいなかったので，すべて手書きで行わざるを得なかったが，現在はパソコンやインターネット，スキャナー，デジタルカメラなどを活用して，自由自在にプリントができるようになっているという点で大きな進歩といえる。

　プリントとして配る場合にはいくつかの分類が考えられるが，私なりには次のように考えている。

　ア．新聞や雑誌，あるいは最近ではインターネットなどから記事を取り込んで関連資料として紹介する。
　イ．生徒が書いたものを整理して載せる。前の学年で使用したものや別のクラスで生徒に書いてもらったものなどがある。
　ウ．私自身が持っている経験や知識を，私自身の言葉で語りかける。

　教師の個人的な経験などには大変関心があって，そこに失敗談などが載っていれば，それだけで授業への参加意識が変わってくる。

3.1.2　映像や音声を使って

　教科書付属のテープやＣＤ，時にはビデオなどには関連資料として，教科書本文以外のものまで録音録画されているものもある。それらを提供することもひとつであるが，日頃から自分の手や足で集めておくことも大切である。

　著作権法上から考えると，テレビの番組を録画してそれをそのまま授業に使うというのは微妙な問題もある。アメリカでは「何日以内に消去する」などという指導（『著作権ハンドブック』映画英語教育学会）もあり，映画や演劇のビデオなどは営業に絡む問題として考えなければならない。しかし映像や音声の持つ力は大変大きいものがあり，法律などをクリアした上で活用したいもの

である。

　私自身が扱う場合は次のように分類して考えている。

　ア．教科書の英文にかかわるもの
　イ．教科書の内容を補足するもの
　ウ．背景知識として必要なもの

3.1.3　写真や絵，実物を使って

　ビデオやテープは，それを提供する設備が必要とされるが，写真や絵，あるいは実物などは，教室に持ち込みさえすれば活用できるので，できるだけ積極的に準備することが望まれる。

　写真は日頃新聞や雑誌の中から活用できそうなものをコピーしたり切り取ったりしてテーマ別に分類する。自分があちこちに出かけたときにはできるだけ多くの写真を撮ったり，広告やパンフレットを集めるようにする。海外の場合は荷物になりすぎることもあるので，パンフレットなどを写真に撮ってしまって，実物は持てる範囲に限ることもできる。現在私の手元には5,000枚を超える海外の写真がある。

　また最近ではインターネットのおかげで，世界中の写真がすぐに手に入るので，日頃から探して自分のコンピュータに分類して保存しておくことも可能になっている。

　授業では，そうした資料を教室全体に回したり，拡大して提示したりすることによってイメージを膨らませるように工夫する。写真もそのまま拡大すると大変高価になってしまうので，カラーコピーやスキャナーで拡大すると画質は落ちても，遠くから教室で見せるという点では十分対応できる。教材提示装置などがあればさらに有効である。

3-2 教材への関心を高めるために

当然のことながら教材の内容がつまらないものであれば、関心を高めようと思ってもできないが、教師が自分なりに取り組めそうだと判断した教材については、教師自身が「教え込む」という姿勢ではなく、生徒が自分で考えようとする機会を与えるという姿勢が求められる。

そこで図書館で調べさせたり、班で相談して作品を完成させたりという活動も積極的に授業の中に取り込む。

3.2.1 プリントを使って

同じ知識を身につける場合も、ただ与えられる場合と、自分の頭で考えて確認するのとでは大きな違いが出てくる。日本の教育の大きな問題点の1つが、教師が「教え」て生徒が「教わる」という一方的なものであったことである。それを少しでも解消することが生徒の授業への参加を引き出すものになると考えている。

おそらく多くの先生方も取り組んでいると思われるが、その課の内容についてあらかじめ生徒がどの程度の知識をもっているのかを「予想クイズ」として提示し、生徒に考えさせるのもよいであろう。

3.2.2 映像や音声を使って

これもプリントと同じであるが、一定の音声や映像を提示して、映像ならば何を意味しているのかを考えさせたり、音声ならば何を表現しているのかを考えさせたりする。動物の声や機械の音、あるいはさまざまな外国語などが考えられる。

私の場合は、世界のさまざまな人々が英語を話しているテープを聞かせて、いったいどこの人がしゃべっているのかを当てさせ

るということもやってみた。英語ができるできないに関わらず積極的に反応してくれる。

4 音声や言語材料を重視する

4-1 外国語教育における音声の役割

音声は言語において非常に重要な役割を果たしている。とりわけ英語は，日本語の漢字のように文字で意味を表現する表意言語ではなく，表音言語であるのでますます音声の果たす役割は大きい。コミュニケーション時代を迎えて，英語を音声として表現することは非常に重要な課題となっており，授業の中でどのように音声を重視していくかが問われている。

4.1.1 内容を豊かに膨らませて

第2章の1-3 (p.19) で紹介したチャップリンの教材のように，教科書の教材が豊かなものであれば，内容と音声を統合して実践を進めることもできる。教科書に英詩や歌などがあれば，それらを内容のある音声教材として扱うこともできる。

ただし，付属のテープなどはどうしても単調な読みで終わる場合が多いようである。チャップリンの演説も，版権の問題とも絡んで，普通のネイティブ・スピーカーが読み上げるというスタイルになってしまい，映画で表現されているような迫力は望めない。やはり，可能な限り「本物」の音を聞かせたい。私は映画から取り出した音声を活用するようにしている。聞いている生徒の反応もまったく違ったものとなる。

4.1.2 音声に重点を置いて

教科書の教材がそれほど魅力的でなく,生徒にとってあまり積極的になれないような内容の場合には,音声に重点を置いて授業を組み立てる方法もある。どんな教科書でもすべての課がおもしろくて,生徒が積極的に取り組むということはなく,いくつかは音声重視ですませるものがある。

音声重視の場合,繰り返し読ませることになるが,単調な作業だとどうしても続かなくなる。そこで次のような手立てを考えてきた。

ア.まずは読めるようになることが先決なので,読めない単語に下線を引かせ,必要に応じて読みがなをつけさせる。
イ.最後まで読めるようになったら,速く読めるようにするために時間を設定する(制限時間2分など)。
ウ.トータルで10回読むことを目標に友だち同士で読みあったり,教師と読みあったりする。
エ.部分的に読みのテストを行う。

4-2 外国語教育における言語材料の役割

学習指導要領では基本的に文法を言語材料の中心に置いている。そこで英文の内容が不十分という場合の対処法として,言語材料を重視して取り組むことも必要となってくる。

コミュニケーション重視の中で,英文の仕組みとしての文法を軽視する傾向が強くなっているが,実際に豊かな英語表現を行う場合は,文法なくしては実現できない。受験英語が重箱の隅をつつくような中味になっていたので,その反動として文法不要論が出てきているとも言える。しかし,実際に英語を話せる人々はき

ちんとした文法を身につけていることも確かであり，そのギャップは埋めていかなければならない。特に英語が苦手な生徒たちは，「文法」と聞くだけで英語はむずかしいと思い込んでしまうからである。

4.2.1　基礎を繰り返して

　言語材料の指導としては，特に英語が苦手な生徒には単純化してそれを繰り返すことが重要である。一定の範囲ができるところまで到達すれば，それだけで大きな自信となるからである。

　例えば次ページにあげる表のように中学の基礎を20の級に分けたテキストとテストを活用して，授業のはじめにそれを1つずつ進めていくことが考えられる。テストは80点以上を合格とし，1人1人に診断表を持たせ，合格するたびに合格印を押していく。少しできる生徒にはすべての級において100点をとるように目標を高く持たせる。

4.2.2　説明は理屈をつけて

　英語が苦手な生徒ほど理屈をつけないと文法が理解できない。どうして英文の最初は大文字なのかということについても彼らなりの理屈が必要になってくる。

　大平光代さんがすすめた『たのしい英文法』（三友社出版）は，理屈という点では実に説得力がある。私はそれを参考にし，自分なりの解釈も加えて説明をするようにしている。以下（p.35）は英語が苦手な生徒たちから出されてくる英語についての疑問の例である。英語ができる生徒にとってはまったく疑問にならない当たり前のことであっても，苦手となるとちょっとしたことが疑問になってくる。

級別到達目標　基礎コース

クラス（　）NO（　）名前（　　　　　）

級	項　目	配点	1回	2回	3回	4回	合印	感想
20	アルファベット							
19	ローマ字							
18	一般動詞							
17	be 動詞							
16	過去形							
15	助動詞							
14	〜ing 形							
13	冠詞・複数							
12	代名詞							
11	前置詞							
10	接続詞							
9	形容詞・副詞							
8	比較							
7	疑問詞							
6	命令文							
5	不定詞							
4	受動態							
3	現在完了							
2	関係代名詞							
1	文型							

＊　テストに合格すれば合格印を押します。1回で合格できる人，何回か受ける人，いろいろあると思いますが，全員が1級まで行けるように励ましあって頑張りましょう。

ア．どうして英語は動詞が主語のすぐ後にくるのか
イ．どうして英語は単語の順番がきまっているのか
ウ．どうして英語は左から右に書くのか
エ．どうして英語は26文字しか使わないのか
オ．なぜ複数のsと三単現のsがあるのか
カ．なぜ母音の前では an になるのか

5 教科書教材を差し替える

1冊の教科書にはどうしても授業で扱えないような教材が出てくることがある。それは担当する教師から見て納得ができないものである。環境問題が取り上げてありながら，ゴミの出し過ぎに注意しましょうというような道徳的な記述で，生徒の生活実感とあわないものになっていたり，他の国のことを扱っていながら，日本人が優越感を持つような記述になっていたりということなどである。時にはやさしいと思って選んだ教科書に，突然むずかしい内容の英文が登場したりすることもある。

5-1 教科会で一致できる場合

統一進度の場合はなかなかむずかしいが，相談して一致できれば教材を別のものに差し替えることも必要である。英語が苦手な生徒が多い高校では，教科書をすべて終わらせるという強迫観念もないので，比較的合意しやすいのではないだろうか。

年間に必ず扱う課と大体の時期だけを決めて，それ以外は自分で教材を準備するということを教科会で確認することも可能である。そして定期テストは7割が統一問題で，残りの3割は自分が授業で扱った教材をもとにして作成する。テストの作成者は7割

の部分だけを作成して，担当者の意見を聞いてまとめ，完成したものを担当者に渡すという流れが考えられる。

試験問題が個人作成に任されている場合は，教材の差し替えは自由にできるわけで，教科会では評価の基準を確認する程度で対応できる。

5-2　教科会でまとまらない場合

教科書以外の教材を扱うことに慣れていない学校では，教科書を教えることが最優先され，結果として教材を差し替えるようなことが合意できない場合がある。統一テストにはその教材も出題されることになり，教材を差し替えてしまうと生徒が不利になるのでついそのまま教科書を進めることになる。

私の場合は，語彙や熟語，文法事項などのみを扱い，本文の内容についてはほとんど触れないで日本語の訳だけを配り，試験前に補足して何とかしのぎ，そこで生み出した時間を活用して別の教材を取り上げるようにしてきた。評価は生徒の自己表現作品で行ったり，授業内に別の試験を実施したりして材料を確保した。

5-3　差し替え用教材の確保

積極的に扱えないような教材に出会っても，差し替えるための教材が準備できていないとなかなか取り組みにくい。日頃から内容のある英文や文章を探しておくことも，重要な仕事であろう。

前にも触れたが，新しい教科書が数冊届くと，それらすべてに目を通して，これはいいと思われる教材はコピーして，環境，歴史，スポーツ，芸術などのテーマ別にファイルして保存する。

また文法に関しては文法項目ごとにルーズリーフを作成して，

自分が読んだ英語の本や雑誌,映画や歌などの中から選んで書き出しておく。パソコンなどに入れておけば,瞬時に英文を探し出したり加工できるので便利である。

　特に先輩や友だちがつくった英文は,生徒にとって身近なものが多いので,生徒に書かせた自己表現の文章は文法項目にあわせてファイルしておくようにする。

3 「苦手」を「好き」に変える授業

1 生徒の言葉を豊かにする

1-1 日本語の指導と並行して

1.1.1 日本語が苦手な生徒

　英語が苦手な生徒は，日本語そのものも不足しているケースが多い。日本語が豊かに育たないと，外国語である英語を身につけることはほとんど不可能と言ってよい。

　日本語が豊かな生徒は読書に積極的で，しっかりとした文章を書いたり話したりすることができる。読書を通じて言葉の回路が形成されるとでもいうのだろうか。またさまざまな知識を身につけていくことも確かである。テレビやラジオでも知識は身につくが，本を読むという活動を通じて得た主体的な知識と，ソファーに横になって身につけた受動的な知識では，その定着の度合いが違うことは確かである。

　そこに注目して生徒に読書をすすめるようにしてはいるが，図書館まで足を運んで本を借りて読み，それを後日返却するというのは学習に積極的でない生徒にとって極めてハードルの高い課題となる。結局「言われた」だけで図書館へ足は向かない。

担任をしているクラスでは，カラーボックスを置いて自由に読めるように本を並べるようにする。すると結構生徒は休み時間などを利用して本を開いている。ただし漢字の多い本では，その漢字が読めないので本を読むことにはつながらない。ふりがなのふってある本も必要となってくる。

　日本語を「読む」という視点から考えると上のような問題があるが，これを「書く」という視点から考えるとさらに苦手な生徒が増えてくる。漢字が読めないということは，当然それを書くということはできないので，日本語を書かせるためには相当な努力を要する。これも担任をしているクラスでは，学級通信に生徒の文章を積極的に取り上げたり，班ノートなどを回して書く機会を作るなどの手立てを考えることができるが，授業だけのクラスではなかなかむずかしい。以下は日本語を意識した取り組みの例である。

1.1.2　日本語を意識した実践
(1)　感動する英文で感想を書かせること

　生徒たちは読み書きは苦手でも感性は豊かである。そして心に響くことがあれば表現につながり，音声や文字として具体化される。1年に数回は彼らに感動的な英文を読ませて，日本語で感想を書かせることを続けてきた。

　感動的な英文と言えば，教科書にも必ず1つや2つは入っているが，彼らにとってそれは「教科書」の文であり，別の英文を期待している。

　夏休みには読み物を課題として出すことにしていたが，市販のテキストでは生徒には量が多すぎて負担になるので，B4用紙1枚程度を目安とした。注釈は豊富につけて，生徒があまり辞書を引かなくても読めるように工夫した。どうしても市販のテキスト

を使用したい場合は、全体を読ませるのではなく、最初だけを英語にして、後半は日本語の訳を渡しておくとか、逆に最初は訳を読み、最後の場面だけ英語を読むというような配慮も行った。「カレン」「レーナ・マリア」「チャップリン」「キング牧師」「ガンジー」「かわいそうな象」「ピカソ」「マザーテレサ」「むっちゃん」「ヘレン・ケラー」などがその例である。以下は身体に障害を抱えた青年が書いた文章を英語に直したものを読み取った生徒の感想である（高校3年）。

・私はこの文を読んで、心から感動しました。又この作者に心からの拍手をおくりたいと思いました。作者は立つことはできますが、うまく歩くことも、自分自身の手で字も書けない。しかし彼は、鼻と不自由な指を使ってタイプをうつことを訓練し、そしてこの文を書くにいたりました。ふだん、障害者に接する機会のほとんどない私にとって、こんなときの障害者でなくてはわからない「苦しみ」「悲しみ」がどんなものか、およそけんとうつくはずがありません。私はこの話を聞いたとき「なんて素晴らしい人なんだろう」と思いました。私がもし彼のように障害者の一人であったなら、彼のように言えただろうか。

　障害者にとって、真の健康とは健全な精神を持つことだと思います。世の中がもっと平和になり、障害者が「障害者」という名前をすてることのできる日が早くくることを願います。

　最後に私は、人間精一杯生きている時が、一番充実しているし、人間としてとても美しいと思いました。（KC）

(2) 教科通信で読む機会・書く機会をつくる

　学級通信は日刊で出した経験もあるが（埼玉には朝夕刊で1日2つ出していた教師もいる）、教科通信は授業ごとに配布すること

になるので，年間では100号程度が限度となる。詳細については別項に譲るが，その100号もできるだけ生徒に読んでもらえるような工夫が求められる。生徒が「読みたい」と思うものにしなければただの紙くずに終わってしまうからである。

　生徒が読んでみようと思うのは，他の生徒や教師が何を考え，どんなことを感じているかが書かれているもの，そして自分が書いたものが載っているものである。生徒が書いた文章はできるだけそのまま載せることになるので，「読ませる」という点を重視すると，教師の考えや生活について触れることになる。

　生徒がもっとも関心を示したのは，私が高校時代に何を考え，どんなことを悩んでいたかを書いたときである。授業後も話しかけてくる生徒がいて，そこからコミュニケーションが広がったという実感も持てた。

　生徒の書く機会を増やし，彼らの文章をそのまま通信に載せると，生徒の目はいっせいに読みはじめる。もっとも最初に「これからみんなに書いてもらったものは，すべて通信に載せるということを前提にしてほしい」と宣言しておかないと，「なぜ載せたのか」という抵抗にあって続かなくなることもあるので，その点での配慮は大切である。

(3)　英文の分析を通じて日本語を見直す

・I went to Kyoto in 1999.

　英文との丁寧な比較から日本語を見直すこともある。上の文はごく単純なものであるが，日本語と対比すると大きな違いがある。語順どおり日本語を当てはめると「わたしは，行った，京都に，1999年に」となる。

　英語が苦手な生徒にとっては，この違いを理解するのが大変で，日本語に引っ張られて，「わたしが行った京都…」という風に前

からつなげてしまう。そこで「英語はまず主語があり，その主語が何をするのかという動詞が続くことによって，自分の主張をはっきりとさせるようにできている言語」であることを確認する。

・Did you go to Kyoto last month?

日本語では「先月京都に行きましたか。」となり，疑問文は「か」を文末につけるだけである。しかし英語は文頭に「Did」が来て Question Mark がつく。その違いと同時に，どちらも動詞に関わるところが変わるということを認識させる。とにかく正しい知識というよりも，彼らが納得する説明が必要である。日頃語彙が不足している生徒たちにとって，丁寧に説明すればするほどわからなくなってしまうという状況も生まれてくる。

1-2 辞書指導をどのように行うか

1.2.1 辞書指導をどう考えるか

英語が苦手な生徒にとって，辞書を引くことは結構負担になる。単語を探し出すことに時間がかかり，探し出してもどれが合っているのかがわからない。挙句の果てには，書かれている日本語が読めなくて嫌になってしまうという生徒もいる。最近は電子辞書が発達して，ボタン操作だけで単語の意味を探すことができるようになった。この時代に辞書をどのように指導するのかは非常にむずかしい課題となっている。生徒の「面倒くさい」（最近の言葉でいえば「かったるい」）という言葉とどう闘っていくのかも視野に入れなければならない。

ある程度英語ができる生徒が集まっている高校では，教師から辞書がいくつか指定されたりすることもあるが，基本的には本人の姿勢に任されている。ところが英語が苦手な生徒に，辞書を買っておくようにと指示しても，何を買ったらよいかわからない

し，あわよくば買わないですませてしまう，ということもある。

実際，私が勤務した高校では，教科書さえ買わないで1年間を過ごそうとした生徒もいる。出入りの書店から「生徒数分準備したのに20冊もあまってしまったがどうしたのか」という問い合わせが来て，あわてて生徒をチェックしたこともある。翌年からは，書店が学校にやってきて，クラス順に販売し，教師が買ったかどうかを確認することにしたが，これも珍しいことではない。

辞書がそろったところでようやく辞書指導に入ることができる。私の学校では全員に同じ辞書を持たせ，授業の中で辞書の引き方を指導したが，同じ辞書引きができないといっても，その程度は相当に違うので，一斉に行うものと個別に行うものが出てくる。個別に行うことによってその生徒とのコミュニケーションをはかるということも視野に入ってくる。

いずれにしても，自分で英語を学ぶという観点から考えれば，「辞書が使える」というのは最低限の「ワザ」として押さえなければならないことは言うまでもない。そこでいくつか取り組んだことを報告したい。

1.2.2 英和辞書を使っての実践

(1) 辞書を早く引く指導

生徒が英和辞書を引くのを嫌がる理由の1つに，時間がかかりすぎるという問題がある。1つの単語を引くのに，アルファベットの順番を1つ1つ数えながら引いている生徒もあり，中学校の1年にもどって指導をしなければならない。そこでいっせいに指導するときには紙を1枚ずつ配って，大文字か小文字のどちらか26文字を何秒で書けるかというゲームを行う。筆記体で書ける生徒がいればそれをすすめる。

ある程度できる生徒でも，いきなり書けといわれると30秒程度

はかかるが，アルファベットそのものがあやしい生徒は，2分かかってもできない場合がある。教師は生徒の書いている間に時間を読み上げ，生徒は書き終わった段階で何秒で書き終わったかを書いておく。

そして1度だけ紙の裏側を使って再テストを行う。その際は5分程度の時間は与えなければならない。5分練習すると，アルファベットがあやしかった生徒でも，何とか最後まで書けるようになるからである。そしてもう1度同じように時間をはかると，前回に比べてどの生徒も格段に早く書けるようになっている。同じように時間を記入させ，自分の進歩を確認させる。

次の授業でも実施できればより定着度が期待できるが，家で練習していないと前回よりも書くのに時間がかかってしまう。そこで，さらに早く書かせることをねらうのであれば，家で練習してくるよう指示をしたり，当日また時間をとって練習させてからテストを行ったりするような配慮が求められる。

次の段階としては，教科書に出てきた単語を10個選んで，辞書の最初に出ている意味を書き出させるというアクティビティがある。これも教師は時間を読み上げながら進め，生徒は自分が終わった段階で時間を記入しておく。10個についてはできるだけ名詞を選ぶことによって，事後の授業に活用できるようにする。これを新年度早々の授業で数回行うと早く引くコツがわかってくる。時間で競争するのでゲーム的な要素が加わり，単調な作業であるにもかかわらず，結構生徒は集中する。なお，時間的にゆとりがないときは単語5個程度でもよいが，コツを身につけるにはやや少ない感じがする。

(2) 辞書を正確に引く指導

辞書を早く引く練習を重ねたあとで，今度は1つ1つの単語の

意味を正確に探し出すという指導が必要になる。これは英文の中の形容詞や副詞に焦点をしぼって指導するとよい。動詞でもよいがとにかく意味がたくさんあるので，正確な意味を引くということを感覚として身につけるには，形容詞や副詞で，意味が複数あるもので進めたほうが一斉指導としてはやりやすい。

> 辞書を引いて次の下線のある形容詞のふさわしい意味を書きなさい。
> Sushi is a <u>typical</u> Japanese dish. (　　　　)
> We had a <u>terrific</u> vacation. (　　　　)

「typical」には「典型的な」「代表的な」「特別な」などの意味があって，辞書を引いて一番ふさわしいと思われる意味を書きこむことになる。また「terrific」には「ものすごい」「恐ろしい」などの意味があるので，これも選ぶときに意味を考えざるを得ない。時間を区切って自分が選んだものが正しかったかどうかを確認させる。文章の中で意味を確認するコツをつかんでもらいたいという課題である。

(3) 辞書を楽しむ指導

最後に辞書を楽しむ指導である。辞書にはさまざまな情報が書きこまれており，辞書と親しくなることでそれらの情報を身につけることができることを教えたい。

例えば「get」という動詞は，動詞そのものの意味だけで20近くあり（辞書によって多少は違っているが），熟語まで含めると数ページにも及んでいる。さらに前置詞などをつけるだけでまったく別の意味で使われる例もたくさんあり，その単語だけで実にた

くさんのことが表現されていることが実感できる。辞書によっては前置詞の「on」などの意味が絵で表現されていたり，花の名前や行事や祝日が載せられているものもある。

いくつか紹介したいことはまとめておいて，生徒の辞書を確認しながら提示するのも大切なポイントになる。できれば同じ辞書をもとにしてページをめくらせると共通理解をはかることが可能になる。

1.2.3 和英辞書を使っての実践

「辞書を早く引く」「辞書を正確に引く」という点では，英和辞書と同じようなスタイルで行うことができるが，「辞書を楽しむ」という点は英和辞書と違って，日本語を英語ではどのように表現するのかということがポイントになる。また漢字を含めて，和英辞書は日本語を豊かにする道具となる。漢字が書けないときには和英辞書でさがすことができること，テーマ別・分野別関連表現や日本的な事物の英語紹介などがまとめて書いてあることが多いので，その紹介なども行うとよい。

なお，単語を増やす活動では和英辞書を大いに活用していきたいが，詳しくは次項に譲りたい。

1-3 生徒の語彙をどのように増やすか

1.3.1 語彙指導について

日本の英語教育の世界では，まだ語彙指導についての理論が十分に根づいていない。海外での指導書はいくつか手に入るが，いずれも英語圏での取り組みや実験が中心で，日本人のための語彙指導としてそのままあてはめるわけにはいかない。これは別に語彙指導に限ったことではなく，英語教育に関わるあらゆる分野が，

外国からのとりわけアメリカからの理論に振り回されてきたことにもよる。

しかし1990年代に入ってから，語彙指導の重要性が提起され，英語教育雑誌において「語彙指導を充実する」(『現代英語教育』：研究社：1993)「単語で広がる英語の世界」(『新英語教育』：三友社：1997) などの特集が組まれるようになった。また『英会話・やっぱり・単語』(守誠：講談社：1996) などの単行本も出版され，あらためて語彙指導の重要性が提起されている。

1.3.2　生徒から語彙を引き出す指導

(1) 必要語彙数の設定

高校生にとってどの程度の語彙が必要かという問いかけに，数字をあげて答えることができる教師がどれだけ存在するだろうか。一般的には言えても，自分の目の前の生徒がどの程度知っていればよいかという問いには，なかなか答えにくい。つまり数字で示すにはそれ相当の根拠が必要になってくる。

学習指導要領では，かつては高校終了段階で3,000語から3,500語が指定されていたが，改訂とともに削られ，2003年から実施のものではとうとう2,000語を割るところまで減ってしまった。辞書などの指定数などから判断すると，一般的には3,000語前後が高校で学ぶべき単語の数として読み取れる。そこで中学校の1,000語と合わせて4,000語を1つの目安にしてみようと考え，次のような実践に取り組んでみた。

(2) 設定は外枠から

例えば必修の語彙として「rose」という単語を指定した場合，生徒の実生活で「ばら」に関心がなく，身近に存在しない場合は，たとえ必修であってもその生徒にとっては使いようのない単語と

なってしまう。実際には,ほとんどの生徒が「rose」を知っているので問題は表面化しないが,もしかしたら関係ない生徒もいるかもしれないと考えなければならない。

そこで発想を変えて,こちらで単語を指定するのではなく,生徒の生活から語彙を集めて,それぞれが自分に必要な4,000語をめざしてみようと考えた。品詞の枠として数に限りがある間投詞を10,接続詞20,前置詞40,代名詞70を設定し,残りを副詞,形容詞,動詞そして最大の名詞に割り振ることにした。辞書や単語集から目安として,副詞100以内,形容詞200から250,動詞400前後,そして残りが名詞でおそらく3,000語を越える数になるのではと予想した。副詞,形容詞,動詞,そして名詞については生徒の力を借りてその内容を決めたいと考えた。

(3) 生徒の選択と一覧表づくり

まずはじめにB6用紙を生徒に配布して,それを4回折り込ませる。それを開くと16の枠が作り出されるので,その1つ1つの枠に,テーマに沿って自分がイメージする単語を書き出させる。例えば「花」というテーマが設定されると,生徒は自分が知っている花,好きな花などから順次書いていく。もちろん日本語でもよいことにするが,早く16枠を埋めた生徒には,和英辞書を使って自分の選んだ「花」の英語名を日本語の下に書き入れていくように指示する。たかが日本語というが,さすがに16種類の花を書き出すには自分の生活を十分に振り返らないと出てこない。

もっとも大変な作業が一覧表づくりである。ひらがなであいうえお順に並べながら,英語の単語とその発音を書きこんでいくので,1クラスで3時間程度,テーマによってはさらに数時間かかることも出てくる。もちろん1つのクラスで作ってしまえば,次のクラスは追加するだけなので,時間的には非常に短縮される。

そして一通り作っておくと,翌年からは追加だけを考えれば良くなるのでさらに軽減される。次は,花の一覧表の一部である。

■単語を増やそう！　——花——　I like(◎)　I have seen(○)

あおい(葵)			( )
あやめ(菖蒲)	iris	<u>ア</u>イアリス	( )
あさがお(朝顔)	morning-glory	モーニング<u>グ</u>ローリー	( )
あじさい(紫陽花)	hydrangea	ハイド<u>レ</u>インジャ	( )
いちご(苺)	strawberry	スト<u>ロ</u>ウベリィ	( )
うめ(梅)	plum	プ<u>ラ</u>ム	( )
エーデルワイス	edelweiss	エイ<u>デ</u>ルヴァイス	( )
カーネーション	carnation	カー<u>ネ</u>イシャン	( )
ガーネット	garnet	<u>ガ</u>ーネット	( )
ききょう(桔梗)	Chinese bell-flower	チャイ<u>ニ</u>ーズ・<u>ベ</u>ルフラワー	( )

(以下略)

＊空白の場合は英語では見つからない花,下線はアクセント

---

(4) 授業での提示と活用

　定時制の生徒40人ほどに書いてもらっただけで70を超える花が提示され,あらためて生徒たちの生活の幅広さを感じないわけにはいかなかった。生徒が調べて英語になっているものはそのまま取り入れ,その他は私の方で英語と発音を書きこむという形で進めていった。次の授業で一覧表を配り,1つ1つ読み上げながら,自分が好きな花には◎,見たことのある花には○を記入させていった。なお発音はすべてカナで表記した。英語が苦手な生徒にとっては発音記号はもう1つのアルファベットみたいで,それを

覚えるのは大変なことになるからである。

　自分が好きな花を含めて、見たことのある花の数を記入させ、丸の数がいくつあるのか手をあげさせて、お互いにどのくらい自然に接しているのかを確認し合う。クラスによっては70種類以上のうち50以上に丸がついてみんなを驚かせる生徒もいるが、自分の家が花屋であったり花屋さんでアルバイトしているなどという生活も見えてくる。

　なお、学期ごとに3～4テーマ実施するので、定期テストではそれぞれから5つずつ選んで、自分の「花」自分の「木」を書かせるようにした。したがって20前後の単語を覚えてきてつづりと意味を書くことによって、確実に自分の単語として定着するようにした。

　また定期テストと並行して、定時制では面接テストを実施した。1クラスの人数が少ないので1時間（と言っても40分）で十分全員への面接が可能となる。題材としては配布したプリントで、教師からもっとも好きな花や鳥を聞いたり、生徒から教師が好きな花や鳥を聞かせたりして5分ほど時間をとる。生徒には3分と言っておくが大抵は時間がオーバーしてしまうほど話す材料には事欠かない。

(5) 課題と発展

　2年がかり（定時制）で作り上げた単語集は、全部で39のテーマに上り、そこで取り上げられた単語は4,000語近くになった。以下は取り上げたテーマの一部である。

(1) 春のイメージ　(2) 夏のイメージ　(3) 秋のイメージ
(4) 冬のイメージ　(5) 学校　　　　　(6) 花
(7) 動物　　　　　(8) 果物　　　　　(9) 野菜

(10) 鳥　　　　　(11) 魚　　　　　(12) 木
(13) 世界の国々　(14) 人間の身体　(15) 病気と怪我
(16) 趣味　　　　(17) 形容詞　　　(18) 乗り物
（以下略）

　冒頭に掲げた4,000語という目標からすれば，テーマとしてもまだまだ狭いので，全体としては80テーマくらいに広げて，それぞれから自分に必要な語彙を選び出すというところまでもっていかないと，本当の意味での自分に必要な言葉にはならない。ただし英語が苦手な生徒のことを考えれば，数を絞ってそれを確実に自分のものにしていくという方法が望まれる。

　1つ迷うことがある。それは現在短期大学に移って，同じように短大生に「花」や「鳥」を書いてもらったが，実際に書かれる種類は人数の少ない定時制のほうが多かったのである。「花」といえばみんな同じような花がイメージされる学生を前にして，どのようにして個性的な語彙を持たせることができるのか，ということである。生活そのものが多様性を失っているとすれば，また新たな課題を設定しなおさざるを得ない。

　なお上記の問題意識を発展させて，高校生用の単語集を作成した。『高校英単語・基礎編』『高校英単語・標準編』（共に三友社出版）であるが，基礎編は1,500語，標準編も1,500語で，合計で3,000語になる。名詞をすべて絵で表現したもので，それぞれ12か月で区切って目標設定したものである。

　語彙の指導法については太田垣正義氏が以下のような提案をしている。私自身の問題意識と重なるところが大きいので紹介したい。詳しくは著書（巻末の資料編参照）にあたっていただきたい。

(1) 語彙指導を前面に出すようにする。
(2) 中学校レベルで2,000語から3,000語を導入し，1,000語か

ら1,500語を使えるようにする。
(3) 語彙選定の基準として学習者のレディネスや興味を採用する。
(4) 入門期では，現行と逆の指導順序である＜必要性・興味の喚起→意味（指示物）→単語の発音→スペリング＞にする。
(5) 中級レベルでは，guessing の能力を活用する。

1-4 訳読の効果的な活用

1.4.1 訳読の誤解

「文法・訳読」の授業に関して，訳読そのものが否定され，あたかも英語を日本語に直すことが「悪」であるかのような発言が多くなった。これには高校の授業が英語をただ訳していくだけの「訳読」の授業になっているとの非難の声が背景にあるが，日本語に「訳す」ことまでも非難されるのは困った傾向である。英語の教師が英語を得意としていて，日本語に直さなくても理解できるという体験がそのような非難につながっているのかもしれない。あるいはアメリカで盛んな第二言語習得理論のおかげでこのような傾向になっているのかもしれない。

日本語は漢字を中心とした表意言語である。したがって日本人は文字を見ることで意味を理解するという習慣があるのは当然である。一方英語はアルファベット26文字からなる表音文字であり，音を中心とした言語である。日常的に文字言語で生活している日本人が，音声言語である英語を学ぶには文法や構文を越えたむずかしさがあるのは当然である。日本人が訳にこだわるのは，そうした文化的な背景があるということを理解しなければならない。

また，日本の外国語，とりわけ英語の授業は，この100年を振り返ってみれば，英語を日本語に直すということを中心に取り組

んできたわけで，その結果として，現在のような豊かな翻訳環境を作りだし，その国に行かなくても英語が読めるという状況を作ってきたのである。

英語を「話す」というのは，日本人が海外に出かけるようになった1970年代から大きな課題となってきたもので，それまでは「読む」ことが中心であった。きちんと英文を読み取るためには，それを日本語との対応の中で理解しなければ「だいたいわかった」で終わってしまう。

1.4.2　英語の苦手な生徒と訳読

英語が苦手な生徒にとって手がかりとなるのは日本語である。その日本語との対比なしに英語を学ぶことは不可能であろう。もちろん「こんにちは」「さようなら」のあいさつ程度ならば「習慣」として身につくが，自分のことを表現しようとすれば，言葉の仕組みをふまえて日本語との対応を理解できなければならない。

名詞であるとか動詞であるとかを見分ける前に，数多くの英語と日本語を対応させて理解させるような工夫が望まれる。本来の「訳読」とはそういうものではないだろうか。英語がある程度できる生徒たちは，1つの文をまとめて訳しても1つ1つの単語の意味がほぼわかっているから何となく理解していくが，ほとんどわかっていない生徒たちにとって，1つ1つ日本語に置き換えていくことは重要な意味を持っている。日本語を英語に置きかえるときもまったく同じことが言える。

1.4.3　苦手な生徒を対象とした「訳読」の実践

次の英文は教科書に出てきたものであるが，英語が苦手な生徒には，まず英文の長さだけで「だめだ」という気持ちを与えてしまう。そこでまず，文の中の動詞をみつけさせる。わかる生徒に

は簡単だが苦手な生徒には動詞そのものもわからない。「〜する」「〜である」に相当するところだと解説しながら，生徒の声を聞いていく。

I hope that nuclear weapons and other arms will never be used on this earth.

この文では hope は動詞として見つけやすいが，hope そのものの意味さえわかっていない生徒にはむずかしい作業になる。もう1つの be used はなかなか出てこないが，be だけだと指摘する生徒もいる。「be は単独で使われることは少ないよ」と教えると誰かが used まで入れる。そして動詞が2つ選ばれると，それぞれが本当に動詞かどうかを文法的に確認する。hope はすぐ前に I があり，I は主語の形なのですぐ後に動詞が来るという原則を確認する。また be used はすぐ前に will という助動詞があり，これもすぐ後に動詞がくるサインであることを教える。したがってこの「長い」英文は大きく2つに分けられることがわかる。2つの主語と述語動詞の間には，それを分ける働きの接続詞，もしくはそれに相当するものがあるか隠れていることを確認する。ここでは that が示されているので，慣れてくると苦手な生徒でも指摘できるようになる。

2つに分けたものをそれぞれ日本語として確認し「私はそれを願う」「核兵器やその他の武器は今後決して地球上で使われない」，もう一度2つを結びつけることによって全体の意味をつかむことになる。「私は核兵器やその他の武器が，今後決して地球上で使われないことを願う」という日本文の内容を理解することも，日本語が乱れている彼らには結構むずかしいことかもしれない。

以上の流れはすべて黒板の上に書きこまれる。したがって1文

で黒板がいっぱいになってしまうこともある。ただし訳については書かせないことにしている。そのレッスン終了後に配ることにしてあるが，あくまでも授業のやり取りに集中させることを大事にしているからである。

英語が苦手な生徒にとっては，英語もさることながら母語である日本語を論理的に理解する力も不足しているので，「訳読」を通して日本語も向上させることをねらいとしている。

1.4.4 訳読の落とし穴

訳読が問題になるのは，音声との関連が抜けてしまうことである。いわゆる批判の対象となっている「訳読」は，英語を全体として音声化せずに，黙々と日本語にしていく。またそうしないと前に進まないということもある。常に音声化することを心がけないと英語の意味はわかるが声に出せないという状況を生みだしていくことになる。

また4〜5語の簡単な英文もすべて「訳」してしまうということにもなる。このあたりは生徒の状況をふまえていく必要がある。

批判される訳読の授業は，訳がすべてとなる。したがって教師は訳のない教材をさがし，生徒は訳をさがそうとする。テストも訳が中心となるからである。テストの勉強が日本語の訳をひたすら覚えることにもなりかねない。

1.4.5 日本語に訳すことの意味

この数年，ユネスコの文書を日本語に訳すという仕事をやってみて，きちんと理解するためには，どうしても日本語にする必要があるということを感じている。内容は何となく理解できても，構文をたどっていかないと正確に理解できないのである。

また英語以外の外国語に触れる機会もできたが，それを理解し

ようとすれば，どうしても日本語との対応を考えないと身につかない。

1-5 カタカナ英語やローマ字の効果的な活用法

1.5.1 英語とカタカナ英語

　英語へのカナフリについて，1980年代はじめまでの論議は「とんでもない」というのが主流であった。特に高校では正しい発音の妨げとなるということで，50種類近く発行されている教科書でもカナを振ったものはできていなかった。

　しかし中学校英語が週3時間になり，読む力が格段に低下する中で，高校ではとにかく声を出して読めるということが重要な要素となって英語へのカナフリが位置づいてきた。教科書でも新出単語にカナを振ったものが登場し，英語が苦手な生徒が多い学校から歓迎され採用が多くなった。その後は全面的なカナフリの教科書も登場するなどして，英語教育に市民権を得たのは1990年代に入ってからであろうか。

　一方，日本語の中にカタカナが登場し，日常生活に大きな影響を与え始めたのは1980年代からである。老人福祉関連ではデイケアをはじめとしてカタカナが数多く登場し，実際にサービスを受ける老人に多くの戸惑いを与えたという報告もある。

　数年前に，高校普通科の英語以外の教科書15種類に登場するカタカナを分類してみたが，延べでは2,000を越え，実際の数としても1,200語を越えていた。そのほとんどが英語からのものであり，まともに高校を卒業するためには，約1,200語の英語の意味を理解しないと日本語の教科書も読めない，という実態があることがわかった。

1.5.2 英語教育とローマ字

2002年から実施されている小学校の学習指導要領では，各教科の国語において「第4学年においては，日常使われている簡単な単語について，ローマ字で表記されたものを読み，また，ローマ字で書くこと」が〔言語事項〕の「文字に関する事項」として掲げられている。これは前の指導要領とまったく同じ表現であり，新しい指導要領の作成にあたってほとんど検討されていないことがうかがえる。前後の項目についてはすべて書き換えてあるのであるから。

小学校で「英会話」を行うのであれば，「文字を導入しない」という観点からローマ字指導についても当然，言及されるべきであろう。教育的な視点もなく，残念ながらただただ「英会話」を入れることのみが目標であったということが見えてしまう。

さて英語教育におけるローマ字であるが，これを外国語教育というくくりで考えると，議論が必要となってくる。英語の視点からはいわゆるヘボン式のローマ字が奨励される。しかし他の外国語を視野に入れると訓令式（日本式）のほうが自然であり，文部科学省下の文化庁では訓令式を前提にしていることを見ると，内部での混乱もあるようである。

実際に英語を声に出して「読む」ということを考えると「発音記号」を読んでその記号が表している音に近い音を表現できるかどうか，というのが問われてくる。英語が苦手な生徒にとっては，発音記号はさらに混乱を持ちこむ材料であり，多くの教師が指導をためらう原因でもある。

私自身はローマ字の指導を，発音記号を読み取るためにもどうしても必要なことと考え，高校入学の段階で時間をとることにしている。かつてはヘボン式を基本としたが，最近は外国語という観点から訓令式に変えている。母音のあいまい音と子音のいくつ

かを除けば訓令式で十分機能するからである。

1.5.3 カタカナ英語を利用した実践

生徒の回りにはたくさんの「カタカナ英語」が氾濫している。そこでそれらの「カタカナ」を英語として意識させることに取り組んだ。

「和英辞典」と「カタカナ語辞典」「英和辞典」さらに「国語辞典」を持ちこんで，まず身近なカタカナ英語を1人5個ずつ書き出させる。それを重なったものを除いて順に黒板に書かせると，クラスによっては黒板にかけないほどの数になる。それをグループに分けてもとの言語とその意味を調べさせる。それをできたところから黒板に書きこんでいき，すべてのカタカナ単語のルーツが確認されたところで，英語の単語については声を出して読む練習をする。日頃カタカナで表現していた単語が，英語として意識すると結構違った印象になることが伝えられると同時に，身近に使われているカタカナと英語が結びついていくという効果がある。

またあるときは，新聞の広告を持ちこんでそれを生徒に配布し，その中でカタカナで書かれている部分のルーツを探し出すということも行った。実際にやってみたところ「英語を知らないとコマーシャルも読めないね」という感想や，「何でこんなにカタカナ英語を使うんだろう」という疑問が出されている。

1.5.4 ローマ字指導の実践

小学校で学んできたはずのローマ字であるが，ほとんどが2時間程度しか行われていないため，あまり覚えずに中学校の英語を迎える生徒もいる。そのことも中学校での英語の指導を困難にしている理由の1つであるが，中学校ではローマ字の指導をやり直すゆとりもないまま高校に来てしまうことが多い。生徒へのアン

ケート調査ではクラスの数人がまだ読めないし書けないという。

　そこでまず黒板に以下のローマ字を書いて,それぞれ自分の名前で書かせてみた。

　　わたしのなまえは　たきぐち　まさる　ですよ。
　　Watasinonamaeha　Takiguti　Masaru　desuyo

実はこの自己紹介の文に,ローマ字の「あ行」から「わ行」までのすべてが含まれている。残念ながら全員が「たきぐち　まさる」ではないので,すべての生徒がうまくいくわけではないが,ほとんどの生徒が基本を学ぶ材料ができる。自分の姓名をローマ字で自己紹介するこの文を何回か練習させると,それだけでローマ字の基本は理解される。あとは応用として濁音や吃音などを生徒の名前を元にして紹介すれば,結構生徒は楽しみながら覚えてくれる。

　高校に来ても自分の名前をローマ字で書けない生徒は必ず数人はいるので,これだけでも次へのステップとなる。

1.5.5　再びカタカナについて

　英語が苦手な生徒たちにチャップリンの独裁者の演説を暗誦させたときに,生徒が暗誦する手立てとなったのは英語へのふりがなである。自宅で練習しようとしても,英語のままでは結局読めないために練習にならないという状況をふまえて実施したのだが,見事に生徒は覚えてくれた。また定時制で初めて英語の歌を取り上げたときに,生徒が歌わないので理由を尋ねると「歌いたいけど英語が読めないから歌えないよ」と言われた。次の授業でふりがなつきのプリントを配ると生徒は口を動かしていた。もっとも定時制では日本語にもふりがなをしないと読めない生徒もいるので,日本語の解説も工夫が必要であった。

2 教具や施設を活用する

2-1 教育機器をどう利用するか

2.1.1 教育機器とは

　教育機器という言葉がよく聞かれるが，英語の授業における教育機器とは何だろうか。1970年代にテープレコーダーが授業に使われるようになって以来すでに30年が経過しているが，教室で使われている機器といえばやはりテープレコーダーが最もポピュラーであるというのが日本の教育の現状でもある。最近でこそCDプレーヤーやMDプレーヤーが常備され，教室にテレビが配置されるようになったところもあるが，ビデオまでセットで取りつけられているケースは少ない。OHPなどもときどき使われるが，結局教室に設置されていないと日常的には使えない。

　したがって，教育機器という場合には，授業の準備や特別な時間に特別な場所で使用するものも含めて考えないとほとんどないに等しいのが現状であろうか。

　その視点から，ビデオデッキ，CDプレーヤー，MDプレーヤー，DVDプレーヤーなどの音声や視覚を利用するもの，最近ではコンピュータ画面の映像を通じて発表などを行うパワーポイントなども教育機器として位置づけられている。パソコンやその付属機器もあるので，幅広い活用が可能である。

2.1.2 ソフトのない機器は使えない

(1) 歌を活用するために

　私が高校教師になった当初，やっとカセットテープが授業で使えるようになり，教室にテープレコーダーを持ち込んで歌を扱え

るようになった。もちろんまだ高校自体にテープレコーダーが数少なかったので，交代で使わざるを得ない状態ではあったが，幸いなことに私の学校では他に使う人がいなかったので独占することができ，毎時間授業で歌を使うことができた。やがて教科書付属のテープができるころにはテープレコーダーも台数が増えて，結果として1台を独占して使える状態を維持することができた。ただし現在のようにCDなどはなく，レコードからテープに録音してそれを使うことしかできなかったが，それでも大変な進歩である。同じ歌を60分テープの半面に繰り返し録音して，授業ごとに巻戻ししたりすることで，数回使用するとテープをだめにしてしまうという状況を解消できた。

1980年代に入るとMDが出現した。簡単に頭出しができ，デジタルなので繰り返し使用しても劣化しない。しかし，残念ながら学校ではテープレコーダーのままだったので，MDはほとんど使えなかった。並行してCDが出現し，テープへの録音という点では大変楽になった。スイッチをセットすれば繰り返し同じ曲を流してくれるので，それを30分間自動的に録音するだけですんだ。それまではレコードプレーヤーのそばにつきっきりで，3分ごとにかけ直すという手間のかかることをやっていた。

CDプレーヤーが学校に普及するようになってからは，CDを教室に持っていって曲の選択をするだけですむようになった。

(2) 映画を活用するために

1970年代は映画を授業に活用するなどということはほとんど視野に入らなかったが，1980年代半ばから授業に映画を活用する実践が行えるようになった。映画がビデオとして購入できるようになったからである。当初は1巻が1万円を超える高価なものだったのでよほど気に入ったものでないと買えなかった。テレビで放

映される映画を録画して使うということもできたが，なかなか字幕入りのものでよいものがなく，私の学校ではチャップリンの『独裁者』がはじめての購入であった。

　もちろん学校では視聴覚室しかビデオを使えるところがなくて，1年に1度か2度見せるだけで終わっていた。やがて特別教室にビデオデッキが設置されるようになり，ビデオを見せる機会が増えてきた。

　本格的にビデオを購入して授業で取り上げることができるようになったのは1980年代後半から1990年にかけてである。その頃にはビデオソフトも安くてよいものが手に入るようになり，キャプションなどがついたものを積極的に取り上げることができるようになっていた。

　1990年代に入って，映画を英語の授業にどのように活用するかという実践が英語教育の各誌などにも載るようになり,「映画英語教育学会」も設立された。その学会では授業で映画を使う場合の著作権問題や，さらに映画を授業で使いやすくする工夫などをハンドブックにしてまとめたりしている。

　そしてこの数年ではDVDが脚光を浴びるようになってきている。DVDを使うことで音声や字幕を自由に変えることができるし，頭出しもスイッチ1つでできてしまう。今後はこのDVDが各学校で使われるようになるであろう。すでに大きな映像ショップでは，ビデオテープの映画がほとんど売り場を失って，DVD一色になりつつある。

　DVDは録画が可能なので，生徒のスキットや映像紹介などを取り込んで授業で使うこともできるようになる。それをさらにコンピュータに取り込んでインターネットで送れば，海外も含めた遠方の学校との交流が進められる。

2-2 コンピュータをどのように活用するか

2.2.1 英語教育とコンピュータ

　英語教育の世界でもコンピュータという言葉が頻繁に使われ，それをどのように扱うかが問われている。1980年代からコンピュータというカタカナ語が日常化し，1988年から実施された学習指導要領では工業科の科目の中にプログラミング，ソフトウエア，コンピュータ応用などが置かれ，数学や理科，家庭科などでは文面にも「コンピュータ」という言葉が登場するが，英語（外国語）においては触れられていなかった。しかし1999年3月に出された高等学校学習指導要領では「各科目にわたる指導計画の作成と内容の取り扱い」の中で，「各科目の指導にあたっては，指導方法や指導体制を工夫し，ティーム・ティーチングやペア・ワーク，グループ・ワークなどを適宜取り入れたり，視聴覚教材や，LL，コンピュータ，情報通信ネットワークなどを指導に生かしたりすること」が書きこまれており，21世紀における位置づけはより具体化されてきている。

　ただし英語教育界では早くから，そのデータ処理的な力を活用する方法はないかということで注目され，関連する書籍も出版されている。

　1990年代に入りパソコンが普及し，とりわけパソコン通信やインターネットが広がるにつれて，急速に授業への活用が取り上げられるようになった。

2.2.2 授業外でのコンピュータの活用

　本来機械にはあまり強くない私であるが，1986年当時はまだ少なかったワープロを使い始め，数年後からコンピュータで住所録などを作成していた。当時英語の歌の授業用テープを100本以上

作ってあったので，その一覧表をパソコンで作成したことも懐かしい作業となっている。

1990年代に入って研究会の知り合いからパソコン通信を紹介され，メーリングリストというものに加えてもらった。しかし機械に弱い私は，ただ他の人が書いたものを読むだけの生活が続き，自分から発信することはなかった。発信するための機械操作が面倒だったということもある。

やっと最近になって積極的にというか必要に迫られて発信を行うようになった。1つの理由は，送る時の操作が簡単になったことであろうか。機械があまり得意でない教師は，そんなことで足踏みをしているという典型でもある。

2.2.3 授業でのコンピュータの活用

(1) 資料収集の手段として

パソコン通信やインターネットなどの急速な発達によって，何よりも授業に必要な資料の収集がやりやすくなった。しかもそのまま手を加えて活用できるので，時間的にも有効に使える。ただし，どこに何があるのかを押さえておかないと，いざと言うときに必要な情報を手に入れることができないことも確かである。

毎朝英字新聞を画面で読んで，授業に使えそうなものはハードディスクに取り込んでおく。それを多少手直ししたりして，翌日の授業に持ち込むことはできそうである。最近では当日の新聞記事をその日の授業に使うというきわどいケースもある。なかなか落ち着いて記事を読んでいられないのが学校の現状でもあるから。

前の授業で環境問題の英文が扱われ，関連した資料を集めるためにインターネットで検索したら，なんと1万を越える情報があると画面上に表示され，途方にくれたという経験もある。情報を集める場合も，より具体的にしぼらないとかえってまとまらなく

なってしまうのがインターネットでもある。

(2) インターネットの授業での活用

　残念ながらというか当然というか、コンピュータ時代と騒いでも1つの学校で、コンピュータ室を複数持っていたり、100台を越えるコンピュータが設置されている学校は少ない。そこでコンピュータ室を使っての授業は、せいぜい月に1～2回程度しかできないので、その範囲でできることを考えるしか手はない。

　まずはキーボードを使えるようになることであり、それだけで1回目は終わってしまう。機械の立ち上げと入力の方法などを1人1人できるようになるまで指導するのは大変なことで、手順を示したプリントも必要になってくる。

　実際に操作ができるようになると、インターネットを通じて資料を集めたりすることはいうまでもなく、交流相手をさがしてお互いにメールをやりとりすることも可能になる。英語が苦手と言ってもコミュニケーションする相手がいれば、教師を活用してでもやりとりしていくのが彼ら、彼女たちである。

　なお、こうしたことも学校全体がコンピュータを使うことを前提に、メールアドレスを1人1人に持たせるようなシステムができていないとむずかしいことで、それをクリアするのにはまだまだ時間がかかるのではないか。

　文書作成ソフトを立ち上げてテキストを入力できるようになったら、それをどのようにして保存し、教師のコンピュータに送ったらよいのかを確認する。ためしに送らせて、届いているかどうかを確認させる。

　現在では、そこまで到達したら後は生徒に英語を書く機会をできるだけ多く作って、それを教師のところに送らせる程度で止めている。

あとはインターネットにつないで資料を集めることであるが、検索の方法などを知らないと、つないだだけでは情報を手に入れることはできない。はじめはどうしてもHP（ホームページ）の番号（URL）を教えて、そこにつないでみるというところから進めなければならないので、情報を自在に取り込むというレベルにはならない。半年程度（5〜6回）やると何とか自分でHPを探して調べることができるようになるようである。

(3) 今後の可能性と課題

電話と違ってインターネットでのメールのやりとりはリアルタイムで相手と交信する必要がないので、授業で扱いやすい。生徒が書いたものをまとめて相手に送っておけば、相手側も必要な時間に取り上げるだけで済むし、長期的な交流を考えるのであればその程度のゆとりが必要である。

地球の裏側の情報が瞬時に手に入り、交流そのものも数分あれば返事が返ってくるような時代を迎えて、英語教育にコンピュータを取り入れるという方向は確実に進むであろう。しかしながら教室で英語の歌を扱うとき、20年以上も前に使われ始めたテープレコーダーに今でも頼らざるを得ない状況をふまえると、それほど劇的な変化が訪れるとも思えない。

やはり教師が自分の教材準備や交流先探しというところで活用するのが当面の姿となるのかもしれない。私のこうした予想を裏切って、条件整備が大きく前進することを望みたいものである。

2-3 教科通信で授業をどう広げるか

2.3.1 教科通信とは

1980年代のはじめに中学校の英語授業が週に3時間となって、

それまで授業で扱ってきたものができなくなったときに、時間の足りないところを補おうとしたのが「教科通信」のはじまりと言えるであろう。90年代になって週4時間が復活してもその体制を崩さずに頑張って通信を出している先生方もいる。

教科通信の中味としては①教科書などの教材の補足　②理解を深めるための資料　③生徒の作品や感想、声　④教師からのメッセージ　⑤資料、などに分けられる。ここではその全体を視野に入れてまとめたい。

2.3.2　教科通信発行にあたって

私は教師になって以来ずっと教科通信を発行してきた。授業がある度に発行し、2つの学年をまたいで担当するとそれぞれ別に発行することになるので、年間では100号を越えることも多い。

担任をしていたときは学級通信も発行し、多いときは毎日出していたので、それと合わせるとほぼ毎日何らかの形で通信を出していたことになる。

教師の中には、1時間でも2時間でもしゃべり続けることができるほど話すことが得意な人もいるが、私はもともと人の前で話をするのは得意ではない。自分が話そうとして準備したことの半分も言えないほどである。しかし書くことであれば、自分が考えていた以上のことが浮かんでくるから不思議である。したがって、自分は書くことの方があっていると勝手に思いこみ、それを大事にしてきた。

2.3.3　教科通信の実例
(1)　生徒の声・作品を紹介する

教材にキリスト教とネイティブ・アメリカン（テキストではインディアンとなっていた）の死後の世界の比較が出ていたので、

読み終わった後で、どちらの考え方を支持するか書いてもらうことにした。そしてそれを名前入りで通信に紹介し、クラスごとに論議する材料とすることにした。教材をただ読むだけでなく、その題材をテーマにして「考える」ということを重視していきたいし、生徒の声や考えを紹介するよい機会ともなる。

THE ROAD TO TOMORROW NO. 19

7月4日発行　瀧口

□インディアンかキリスト教か
　——どちらの死後の世界を支持するか——
　テキストに出てきたインディアン（ネイティブ・アメリカンといいます）とキリスト教における死後の世界の考え方の違いで「死んだ後は生前の行いによって天国もしくは地獄のどちらかに振り分けられる」というキリスト教の考えに対し「生前の行いに関係なく、死後は生前と同じような生活をかつてなくなった人ともいっしょに暮らす」という考え方のどちらを支持するか、その理由を含めて書いてもらいました。以下その結果です。

〈ネイティブ・アメリカンの考え方を支持する〉11人
・インディアンの死後の考え方はいいと思う。もしキリスト教のように悪いことをして地獄へ行くなら、死後暗くなってしまう。それならインディアンのように天国で出直すほうがよい（T）
・人間一生生きていく中で、いいことだらけのわけはないから、そんなことで地獄に落とされるなら、善悪関係なしのインディアンの考え方のほうが良い（M）
・ヨーロッパ人の考え方はなんかさびしいような気がする。生きているときの行いによって分別するのは平等ではないと思うからである（N）

- 僕は日頃の行いもよくないし，自分勝手なところがあるからです。ヨーロッパ人の考えだと僕は地獄に行くかもしれない（Y）

〈キリスト教の考え方を支持する〉10人
- 天国と地獄にわかれないと，生きている間，良いことばかりしていた人が，悪いことばかりしていた人と死後同じ場所ではかわいそう（S）
- 生きている間にいい行動と悪い行動をする人がいるから天国と地獄があってもいいと思いました（A）
- 生きている間に悪いことをして，死んだ後普通の生活をしてしまうのは不公平だと思う。多少頭を冷やすべきだと考えるので，ヨーロッパ人の方を支持する（H）

〈どちらも支持する〉1人
- インディアンの生き方の方が強い意志で人生を送れると思う。神に罰せられるから罪を犯さない，という考え方はないと思う。でもヨーロッパ人の考えも，最終的には悪いものは悪いとわかるようになれば，両方ともすばらしいと思う（T）

〈どちらも支持できない〉1人
- どちらも間違っているとは思わないが，どちらも正しいとは思わない（U）

(2) 教師からのメッセージとして

中学校時代にどんなに英語が苦手でも，新しい高校に入った直後は，少しは前向きな姿勢をどこかに持っているのが彼らである。そんな新入生へエールを送るために通信の第1号を発行する。

> ## MY WAY TO THE WORLD NO. 1
>
> 　　　　　　　　　　　　4月12日発行　瀧口
>
> □英語は世界の窓です
>
> 　入学おめでとうございます。みなさんは中学3年間の勉強を終えて高校に入ってきました。高校でクラブ活動をやってみたい人もいるでしょうし，友達をたくさんつくって遊びたいという人もいるでしょう。多いに楽しんでいただきたいと思います。
>
> 　また，高校は学習するところです。皆さんの中にはもう「勉強」なんてやりたくないという人がいるかもしれませんが，人生は常に「学ぶ」ことがついてまわります。どうせなら楽しく学びたいですね。英語もその一つですが，単語一つ知っているだけで外国とのコミュニケーションができるという楽しさがあります。皆さんがこれから生きる時代は，世界中が日々交流することになります。そのときに何か一つの外国語ができることによって，世界が身近になります。「外国語ができる」というときには，自由にその言葉が使えるということではなく，辞書を使えば何とか相手の手紙が読み取れたり，相手に簡単な手紙が出せたりする程度です。それも簡単ではありませんが，むずかしいことを表現しようとしなければ結構できるものです。
>
> 　私の授業では英語を楽しみながら，少しでも英語を使えるようにしていきたいと思います。大事なことは苦手意識を持たないことです。いっしょに楽しく学びましょう。

(3)　資料として

　教材に関連して補足の資料を通信に載せることがある。教科書などは限られたスペースに限られた部分を取り上げているので，

時には内容がカットされていたり、関連資料がないと理解できないものがある。次の例は教科書にときどき紹介される歌「Where Have All the Flowers Gone」についての補足である。

CRYSTAL SPIRITS NO. 35

　　　　　　　　　　　　　　　11月15日発行　　瀧口

□「花はどこへ行った」とフィギア・スケート

　ノルウェーのリレハメルというところを知ってますか。1994年に冬季オリンピックが行われたところです。そのオリンピックのフィギア・スケートで日本人選手が銀メダルをとりましたが、その名前を覚えていますか。伊藤みどりさんです。

　このフィギア・スケートに統一されたドイツの代表としてカタリーナ・ビットという人が出場しています。彼女は1984年のサラエボと次のオリンピックのフィギアで金メダルをとった選手です。なぜ彼女は一度引退したにもかかわらずまた出場したのでしょうか。

　平和のためです。彼女がはじめてオリンピックに出場して金メダルをとったユーゴスラビアのサラエボでは、その後の民族紛争でたくさんの命が奪われています。ビット選手は、平和のために自分にできることはないかと考え、オリンピックに出てメッセージを送ることを考えました。彼女がスケーティングに選んだのが「花はどこへ行った」です。

　この歌はもともとロシアのショーロホフという作家が「静かなるドン」という小説の中で使っていた詩に、アメリカのフォークシンガー、ピート・シーガーが曲をつけたものです。人間が争うことのおろかさを歌にしたもので、世界中で歌われている歌です。反戦や平和の集いがあればどこからともなく聞こえてきます。そんな背景も見ておきましょう。

2.3.4 留意事項

　教科通信も，苦手な生徒にとってはむずかしい場合もある。定時制高校では英語にカナをふったのはいうまでもなく，日本語も漢字にはフリガナをつけた。

　生徒は，クラスや同じ学校の生徒，あるいは同世代の若者がどんなことを考えているのかを知りたがる。そこで私はそうした声や感想をできるだけ紹介することによって心をひらくように心がけた。また事実を大切にして通信を構成し，できるだけ押し付けになるようなことは排除した。

　自分の作品が通信に載ることは恥ずかしい半面，周りがどんな評価をしているのか気になる。私はどんな作品であれ，まず評価する，つまり誉めるところから出発する。英語が苦手な生徒は，多くの場合，学校生活のあらゆるところで主人公になれなかった。それが自信の喪失につながり，あげくの果ては嫌悪感になっていく。私が誉めることによって，「次も頑張ろう」という気力を引き出すことになればと思うのである。

2-4　英字新聞の見出しや写真を活用する

2.4.1　なぜ英字新聞の見出しか

　英字新聞の活用と言うと，英語が得意な生徒を対象とするような印象を与えるが，その見出しや写真だけを使うということであれば，英語が苦手な生徒でも結構楽しく取り組むことができる。あわせても10語にはならないので，英語の圧迫感はないし，写真とその下に書いてあるキャプションならば，写真によって内容がある程度理解されるので，見出しよりもやや長くなるが負担としては少なくなる。

　また教科書に比べて，極めてホットなニュースを取り上げるこ

とができるので，生徒が日々接していること，感じていることに近いものが提供できるというメリットがある。

その結果として，生徒に対して，日々の出来事から自分の生活を振り返り，ものを考える機会を作ることになる。共通進度の中で授業に追われる進学校と違って，ある程度自由に教材を扱える学校の強みでもある。

2.4.2 多忙な中での有効な教材探し

一方でどの見出しを使うか，どの写真とキャプションを使うかということになると，日頃の準備がものを言ってくる。とにかく英字新聞の1ページ目の一番大きな記事の見出しは，その内容に関わらず必ず切り抜いてファイルしておくとよい。見出しをつける側も工夫してつけるので，あとで使うこともできるからである。

英語が苦手な生徒が多い学校は，授業以外の仕事も多くなる。担任をはじめとした生活指導，それにともなう家庭訪問や文書作成，英語だけでなく落第させないための補習など，本当に時間が足りない。私の体験では，生活指導上の理由で家庭訪問した数が，1年間に150を超えることがあった。ほぼ2日に1回家庭訪問していることになる。こうした状況の中で教材研究に時間をかけることは事実上できない。限られた時間でできることに絞られてくる。英字新聞の見出しや写真の活用は，そういう点からも非常に有効である。

2.4.3 英字新聞を使った実践

(1) Let's Read Headlines

ほとんどの生徒が就職の道を選ぶ高校では，賃金の問題は関心の的となる。そこで新聞にそうした話題が出たときには，すぐにそれを教材として使うように意識した。日本語の新聞さえ見てい

ない生徒にとっては何の問題かわからないでいることが多いが，定時制の生徒は実際に働いているという環境の中で，すぐに反応が返ってくるのには驚いた。

> 次は新聞の見出しです。解説部分を参考にして見出しらしく訳しなさい。
> 1. **Cabinet Okays 5.74% Hike In Govt Workers' Wages**
>   The government Friday decided to increase the wages of government employees by an average 5.74 percent as recommended by the National Personnel Authority.

　授業ではまずプリントを配り，いったい何についての記事なのかを推測させる。全ての生徒のヒントになるのは5.74％だけなので，よほど新聞でも読んでいないとわからない。Workersくらいはわかる生徒がいるので，それを黒板に書きこむ。それから下のリード文を読みながら，単語の意味を少しずつ確認していく。新聞の見出しのルールなどはそのつど確認し，ここではGovtがgovernmentの省略であることを教えた。「内閣」「賃金」「国家公務員」などを日本語の解説を行いながら板書し，大体の意味を理解させる。そして自分の力で日本語の見出しを作ることで完成する。最後に私から，記事の内容についてのコメントをする。ここまでで10分程度なので，毎時間でも取り組める。スポーツや芸能のコーナーなどからも適宜見出しを選ぶようにしている。

(2) 写真のキャプションを読む
　英字新聞の第1面には必ず大きな写真が1枚載っている。その

写真とキャプションを切り取り，時には教室全体に写真が見えるように拡大コピーをすることもある。プリントはあらかじめ用意しておき，授業では写真を提示して，どんな内容なのかを推測させる。

簡単にわかる場合もあるが，イギリスのダイアナ妃がヘルメットをかぶって歩いている写真などは誰も推測できなかった。その当時はダイアナ妃についてあまり知られていなかったということもある。同じ写真をダイアナ妃がなくなった直後に「Candle In The Wind 1997」という曲といっしょに示したときには，かなり多くの生徒が「地雷撲滅」の運動との関連を話してくれた。

フランスが核実験を行うことに対して，高校生が大使館に反対のデモ行進をしている写真があった。同じ県の高校生ということもあって，数人の生徒がその記事について語ってくれた。他の生徒も自分と同じ年齢で同じ地域に住んでいる高校生であるということもあって，キャプションの翻訳にも熱が入った。

(3) 生徒の感想
・単語が覚えられたし，日本や世界で起こっていることが分かったので良かった。
・普段はあまり新聞を読まないので，授業で知ったニュースとかが多かった。
・英語が重要視される中で，授業で取り上げることで英字新聞に親しみが持てたということはとてもプラスになった。
・日本語と英語の見出しにニュアンスの違いがあることを学んだ。
・日常的なことで英語に慣れることができるので，やって良かったと思う。
・文法を覚えられるし，社会のことがわかる。

2.4.4 課題と見通し

　毎日新聞が，英語版をインターネットだけに絞ったことによって，コンピュータ画面から英語の記事をダウンロードすることになった。そのことによって記事に手を加えてプリントを作成することが可能になった半面，配達されてくる新聞のときのように，ぱっと見て記事を選ぶという作業がやりにくくなったことも事実である。忙しい合間にコンピュータ画面でさがすのはけっこうロスが多い。

　時間を確保しながら，情勢に見合った教材を取り入れるという意味での英字新聞の効用を生かして，今後大いに取り組んでいく必要がある。

3　興味や関心を大切にする

3-1　英語の歌で授業をどう豊かにするか

3.1.1　英語の授業における歌

　英語の授業に歌を取り入れるという方法は，記録をたどると戦前から存在していた。しかし，戦後に入ってからしばらくは，中学校において英米の児童向けの歌が教科書に載っていた程度で，実際に授業で積極的に取り入れるという報告は見られなくなった。歌は英語の授業とは無縁であるという感覚に支配されていたとも言える。

　60年代に入るとフォークソングが入ってきた。歌詞の内容が平和や生き方に関わるものが多く，それに注目して積極的に授業に取り入れたという報告もある。私が教師になった当初はまさにそのフォークソング全盛の時代で，研究会においてもそれを授業に

取り入れた報告を聞くことができた。私自身を振り返ると，中学で苦手意識を持った英語が少しは身近になったと感じたのは，高校の英語クラブで友達といっしょにギターでフォークソングを歌ったという経験からである。したがって授業で英語の歌を使うというのは，当然の成り行きであったとも言える。

　まだテープレコーダーが普及し始めた頃で，レコードからカセットテープに録音して教室に持ち込んだ。自分が高校時代に歌っていたフォークソングを中心に，生徒も結構楽しんでくれたという体験が，今日まで続けてきた原点とも言える。そのうち生徒に「曲が古い」と言われるようになり，生徒からどんな歌がよいのか聞きながら，今では300曲を超えるテープを用意するところまで到達した。テープはA面B面に1曲ずつを繰り返し入れておき，複数のクラスで実施してもいちいち巻き戻さなくてもよいようにしてある。最近はCDプレーヤーが普及して，わざわざテープを作らなくても大丈夫になってきた。

3.1.2　歌の実践から

(1)　授業での扱い

　1) 単語の聞き取り

　ア．まずはテープの最初だけ流して，その曲を知っている生徒をさがす（「聞いたことがある人は手をあげて」「どこで聞いたことがありますか」「どんな内容の歌ですか」などと聞いていく）。

　イ．知っている生徒がいれば，その生徒にアーティストなどの説明をしてもらう。

　ウ．プリント（歌詞を虫食いにしたもので，訳も数行抜けたもの）を配布する。

　エ．歌の聞き取り：曲を聞いて，（　　　）内に入る単語を歌を

聞きながら書きとらせる。（　　）は1曲で10箇所以内とする。

オ．ときどき歌詞カードに間違いがあることがあるので,「よく聞いて歌詞が違うところをさがしてみよう」と提起する。

カ．1回聞いただけではせいぜい半分しか書けないので, 2回目は教師が英語を読む（書ける生徒はそれで何とか埋めていく）。

キ．最後に生徒にどんな単語が入るか聞きながら, 正解を板書していく。

2）日本語訳の完成

ク．続いて日本語訳の空所を補充させる。班で取り組ませたり, 周りで相談させたりする。

ケ．一定の時間を区切って, どんな訳になるのかを聞きながら確認していく。

コ．歌詞全体がどのような内容なのか, 何を訴えようとしているのかを生徒に問いかける。

サ．アーティストの生き方やエピソード（プリントにして配布する）を読みながら, 実際の姿を読み取っていく。このエピソードや生き方は, 日頃新聞や雑誌などで注意して集めるようにしないと, 生徒を引きつけるものにはならない。文法的なこともこのときに説明してしまう。

3）英語の音読練習

シ．歌詞を確認し, 歌の意味が理解できたら, 最後に音読で歌えるための練習を行う（定時制ではすべての英語にカナを振った）。

ス．歌の特徴としてリエゾンが多くあったり, 特別に早く発音する単語もあるので, その練習を行う。

セ．時間があれば1人ずつ指名して, 実際の読みの練習を行う。

ここまでで時間的には25分から30分かかる。ただしそれは最初の授業だけで、後はテープを流す5分間の取り組みだけになる。なお、テープを流すときには教室の窓やドアをたとえ夏でも閉めさせる配慮がほしい。近隣の教室に迷惑にならないようにするためだ。1年間実施するには他教科の先生の支持も必要である。普段から他教科の先生方への配慮を忘れなければ、少々うるさくてもほとんどの場合は「大丈夫ですよ」と言ってくれる。ありがたいものである。

4）事後の扱い

ソ．1つの曲を1か月くらい扱うと（だいたい10回程度テープで流すことになる）、積極的な生徒は、プリントを見なくてもほとんど歌えるようになる。あえて全員が覚えるようには強制しない。

タ．定期テストもしくは授業中に、実施した歌の中から1曲選んで、その曲については歌詞の全部とその訳を書いてもらう。1年に3曲ぐらいは覚えてもらうのもよいだろう。

チ．授業で実施しなくても自分が好きな曲を選んで書くことも可とするとよいだろう。自分なりに好きなアーティストがいる生徒は、その中からもっとも好きな曲を選んで書く。生徒には事前にCDを借りて、その歌詞をコピーしておけば、よい曲であれば後日授業で使わせてもらうこともできる。

ツ．年度末には1年間実施した曲の中から、どれが印象に残っているのかを選んでもらう。次年度の選曲の資料となる。

テ．1年間実施した曲はテープ1本（場合によっては2本）に入れておいて、年度末に希望の生徒には貸し出せるようにしておく。必ず数人が借りにくる。

(2) 授業に関わって
1）資料の準備

　英語の歌を授業に取り入れるにあたって，まず必要なことはどんな曲を取り上げるかということである。英語の歌といっても世界中には数限りなく存在しているので，その中から選ぶ必要がある。私もはじめの頃はとにかく導入の曲を決めて，次からは手元にあるもので何とかつないでいくという綱渡り的な方法でやっていた（選曲については次項参照）。

　曲を決めたらその歌詞をワープロに入力して，訳や解説などをつけてプリントを作成する。現在はインターネットで検索すれば歌詞やアーティストについての情報が瞬時にわかるので，資料も大変作成しやすくなった。

2）手持ちの歌を増やす

　はじめはたとえ1曲しか手元になくても，続けていくうちには曲目を増やしていかなくてはならない。よほど英語の歌に入れこんでいないと，それをすべて自分でやるのは難しい。そこで頼るのが生徒である。彼らは必ず自分が好きなアーティストを持っており，CDの1枚や2枚は手元にある。

　授業開始の時には，それらの手持ちを「推薦する曲を書いてほしい」と提起して引き出す。大体1クラスで20〜30曲は手に入る。自分でCDを持っている生徒には◎をつけさせて，後でそれを使わせてもらうようにする。それを1年間追求するだけでも時間が足りないくらいだ。教師としては自分の知らない曲を扱うので不安もあるが，生徒の好みを知るにはとてもよい材料となるし，彼らの推薦曲を聞いているうちに結構その曲に親しみを持てるようにもなる。私の場合，今では曲を聞くたびに推薦した生徒の顔が思い出されるものもある。

3）生徒の感想から

年度末にはアンケートをとって，印象に残った曲だけでなく，授業全体についても振り返ることにしている。英語の歌をやってよかったかどうかという点では，どの年度も80％以上の生徒が支持を表明し，ほとんど全員が支持してくれた年もある。ときどき「よくなかった」という声が聞かれるが，「自分の推薦した曲が取り上げられなかったから」というのが理由になるほどである。以下いくつか拾ってみた。

＊歌を通じて単語の発音や，英語の話し方などがわかったのでとてもよかった（K）
＊授業に入りやすいので良かった（H）
＊色々な曲を聞けたのは楽しかった。知らない人のもそれなりに楽しかった（Y）

3.1.3　今後の課題として
(1)　英語の歌を授業に活用する意義とは

　まず第1に生徒の授業への動機づけとなるということである。彼らにとって，歌を歌ったり映画を観たりすることは勉強ではないという感覚がある。

　第2に，授業への雰囲気作りになる。たとえ前の授業が体育で激しい運動をしていても，授業の最初に英語の歌をやることで，これから英語の授業がはじまるというムードができる。

　第3に，英語そのものが記憶に残り，英語の学力を高める上で大きな効果があると言える。繰り返し聞いたり歌ったりすることによって英語が定着し，語法なども身についていく。

　第4に，生徒の自己表現の場として有効であると言える。自分の推薦曲を出したり，声に出して歌ったりすることで，歌を通じて自分を表現していくことができる。

第5に，とにかく歌詞が素晴らしければ，生徒の人間形成に大きな影響を与えることができる。「人生」「愛」「平和」「自然」などを表現したものはそのまま生徒の心に響いていく。

(2) 多様な歌の実践

　この20年で，英語の歌を授業に取り入れる実践は飛躍的に発展した。それをまとめるだけでも1冊の本ができるほどである。1人1人の推薦曲をプリントやテープとともに提出させ，それを1年間かけて実践していくという大胆な取り組みもあれば，教師が自分の持ち歌で1年間通して実践していく取り組みもある。

　CD，MDなどのオーディオ機器の発達も授業の多様さを広げている。DVDになると映像も含めた歌も自由に使えるようになってきているので，さらに発展する可能性がある。

3-2　ゲームを使って授業をどう活性化するか

3.2.1　英語教育とゲーム

　外国ではゲームを通じて授業の活性化を進め，楽しく知識が身につくように配慮していることが多いが，日本では学習は「勉強」であり，がまんしてやるものだという発想がある。それが中学校や高校でゲームを授業に取り入れることを長年阻んできた。また，勉強とは「先生が知識を授けるもの＝授業」という発想があり，それは現在でも日本人教師の中に宿っている。それもゲームへの取り組みをむずかしくしていた。

　しかし近年，高校においてもゲームを積極的に取り入れる実践が進められている。学習を楽しく進めることが，結果として効果をあげることにつながるということがわかってきたからである。ただ欧米で使われているゲームをそのまま持ちこんでいるケース

もあり，日本人の外国語としての英語学習にふさわしいかどうかという点では吟味が必要であろう。

3.2.2 基礎力をつけるゲームの実践
(1) 動詞カルタ

かつて動詞を絵にして描かせていたという高校の実践報告があり，それを参考にして「動詞カルタ」に取り組んでみた。

あらかじめ覚えて欲しい100の動詞を選び，それをクラスごとに1人3つ程度ずつ割り当てる。それぞれにボール紙と画用紙を8等分した大きさのカードを3枚ずつ配る。

生徒は割り当てられた動詞をもとにして，英文を1つ作る。ボール紙には英文と，その英文を絵で表現したものを描き，画用紙には英文とその訳，そして動詞の変化形を書く。絵はできるだけカラフルに描くように，と指示をして休み中の宿題にするとよい。

私の授業でも休み明けにカードを集めると，数人を除いて仕上げてあった。課題がそれほどむずかしくなかったので，生徒も気楽に取り組めたようである。

それぞれのカードの裏に名前を書かせ，誰がそのカードを作ったのかを明らかにしておく。授業のはじめにいくつかすぐれたものを紹介してねぎらう。

私の実践では，全カードが出揃ったところで，大カルタ大会を宣言し，柔道場のタタミ室へつれていった。4つのクラスでそれぞれ1組ずつ作ったのでカルタ大会では1クラスを5つのグループに分けて競わせることができた。1つのグループは8人程度，カードを読み上げるグループも含めて5つに分けた。

ゲームの第1回目は，単純に動詞を読み上げて，それを取りあうだけであり，ほとんどの生徒がすぐに反応できた。2回目はグ

〈絵カード〉

> Dig   The cat <u>digs</u> a hole.

〈読みカード〉

> Dig　　堀る
>
> The cat digs a hole.
> 〈猫が穴を堀る。〉
> ねこ
>
> dig - dug - dug - digging

ループを変えて読み手には日本語の訳を読ませ，それにふさわしいカードをさがさせた。結構考えながらでないとカードにたどり着かないので，生徒はグループごとに積極的に楽しみ，最後はグ

ループごとに1人平均何枚取れたかで優勝を決めることになった。グループの人数がアンバランスな場合は平均で処理するのがやりやすい。100枚を8人で取りあうと平均10枚前後になり，ほとんどの生徒が最低でも2～3枚は確保できるので，脱落する生徒は出てこない。50分の授業時間では，すべてのグループが4回ずつできる程度なので，2時間もやると生徒もカードを覚えてしまうようである。

このゲームはカードを作るところから学習として位置づけることができ，絵に描かせることによってその動詞をイメージ化させることができる。

(2) 教科書の単語を使ったクロスワード

単語は無理に覚えさせるよりも，ゲーム感覚で覚えられるようにするのが望ましい。そのため，私の授業では教科書の各課が終わるたびに，その課に出てきた単語を使ったクロスワードを作らせるようにした。ヒントもできるだけ英語で書くように指示はしたが，実際英語の苦手な生徒にはむずかしいので「最低1文は自分の力で英語を書いてみよう」と提起した。

クロスワードの対象となる単語は，その課の新出単語とし，個数も制限するとよい。私の場合は10個以内とした。あまり多くなると時間がかかりすぎてしまうからである。それでも10個のヒントを考えるのは大変らしく，結局ほぼ1時間の授業を使ってしまったこともある。

出来上がった作品は黒板に貼ってみんなで見あう。同じ単語でも作る生徒によってヒントも違ってくるので，結構楽しめる。

(3) 群読への取り組み

教科書にはときどき英詩が掲載されている。それを積極的に扱

うゲームのような活動に取り組んでみた。

We all want（全員）	love and friendship（A）
We all want（全員）	a sense of being valued
	For what we are（B）
We all want（全員）	a sense of achievement（C）
	Of success in work（D）
	Hobbies and everyday life（E）
We all want（全員）	to be treated fairly（F）

全員と書いてあるところはグループ全員で読み，AからGまでは誰か1人が読むことによって，全体としてまとまったリズムのあるものになる。

なお，クラスによってはこうした指示さえもまったくしないで，各グループに詩の解釈から任せてしまうこともできるかもしれない。私の実践ではうまく分けて群読に結びつけたグループもあるが，全く無意味に分けてしまって，ただ順番に読むだけになってしまったグループもあった。レベルに応じてある程度は指示することも必要である。

3-3 授業に映画をどのように活かすか

3.3.1 映画と英語

映画を英語の授業に取り入れようという試みは，さまざまな形で行われてきたが，決定的にそれを進めたのはビデオデッキが市販され，テレビで上映される映画が授業で使えるようになってからである。したがってここ20年前後の歩みであろう。

さらに大きく前進させたのは映画がビデオテープとして市販されるようになった1980年代に入ってからであろうか。それでも販

売当時は1万円を超えるものだったので，多くの人が取り組むには条件が悪かった。マニア的に取り組んだと記録はあるようであるが，1パーセントにもならない数字であろう。

　80年代後半に5,000円を割る価格でソフトが売られるようになってから，映画の英語の授業への活用が大きくクローズアップされてきた。もっともそれよりも少し前にアメリカをはじめとした海外でビデオが手に入るようになり，しかもキャプションつきということで英語の学習に活かせるという道は開けてはいたのであるが。

　90年代に入ると高校や大学では積極的に映画をとり入れた授業が進められ，映画を英語の学習に活かすことを研究する「映画英語教育学会」が設立されるまでになった。2003年度からの新しい高校の教科書には映画を全面的にとり入れたものもある。

3.3.2　なぜ映画か

　なぜこれほどまでに映画が英語の教材としてクローズアップされてきているのだろうか。

　まず何よりも生徒の感性に訴えるという点である。本を読むことが少なくなり，何かを感じるという機会が奪われている生徒たちにとって，映画が与えるインパクトは計り知れないものがある。授業で見る映画に涙する生徒たちの姿は，私たちが忘れがちな彼らの純粋さを教えてくれる。映画を通して生徒たちとのコミュニケーションが広がることも多い。

　また，生活体験が乏しくなっている生徒たちにとって，映像を通じての擬似体験もまた，学習を深める上で重要な要素となっている。特に最近ではコンピュータ・ゲームなどの影響で，外で遊ぶことが少なくなっており，その結果として，生徒たちの身体に体験という財産が少なくなっている。

そして何と言っても映画が重要なのは活きた英語を例示してくれる点であろう。その場面にふさわしい英語が語られており，表現の適切さが映像や音声で示される。教師が100回言葉で説明するよりも，映像で1回見るだけで印象に残るものである。

　さらに機器の進歩も大きな意味を持っている。ビデオデッキはもちろん，最近ではDVDのデッキもあり，文字や音声を自由自在に変えて授業に取り入れることができるようになっている。

　こうした背景があって，今日の映画活用ブームとなっていることは確かであろう。

3.3.3　映画を使った授業実践

　私がはじめて映画を授業に取り入れたのは，チャップリンの『独裁者』である。無声映画からトーキーに変わる時代に，チャップリンが音声の重要性を演説として表現し，ヒトラーの戦争政策に映画で立ち向かった。最後の演説はその焦点でもある。

　演説を英語で読み取り，少しずつ暗誦させて，一通り内容が理解できた上で映画全体を見せたが，生徒たちは心から感動した。

　さらに同じくチャップリンの『ライムライト』を採用し，映画の45分前後を4枚程度のプリントで学習し，さらに典型的な会話の部分を練習して，4回の授業が終わると45分見るという形で進めた。もう10年以上も前のことではあるが，ちょうどALT制度が導入されて，教師が書いた英語をチェックしてもらえる，という条件が生まれたことも取り組む動機となっている。

　定時制高校では，『ゴースト』をやさしい英語でまとめ，読み方のカナをふって取り組んだ。定時制の生徒も真剣になって取り組んでいた。

　その他あわせると10を超える映画を高校の授業の中で取り上げてきた。それらをふまえて映画のさまざまな扱い方を整理すると

次のようになる。
① プリントを作成して時間をかけて映画全体を取り上げる。
② 映画の重要な場面を取り出して，そこで行われる会話を基本にして授業で扱う（ただし多くの場合，生徒から「全部見せて欲しい」という要求が出され，最近ではまず全体を見せてからその部分を集中して取り上げる）。
③ 文化的な背景を理解するためにその部分だけを扱う。ちょうど写真を見せるようになるが，音声も入るのでよりリアルなものとなる。
④ 教科書の教材などに取り上げられている場合は，その部分の補足として扱う。
⑤ 映像は使わずに，音声だけを取り出してリスニング教材として扱う。
⑥ 映画で交わされる会話で聞き取れたものを書き取らせ，それをまとめてプリントにし，後の授業で確認していく。

3.3.4 教科書に合わせた映画の活用

検定教科書でガンジーの『塩の行進』の場面が登場した。イギリスが独占していた塩の製造販売権をインドの人々に取り戻すために，ガンジーが非暴力での闘いとして行った行進である。

本文を読みながら，どうしてもこの部分の映画を紹介したいと考えた。最初のインドに戻るまでの部分をカットして，それから45分で2回見せると教科書の場面にたどり着く。ストーリーとしてはそこまでで十分意味が通る。

教科書では「行進」が300km以上に及び，2週間ほどでたどり着いたことが記されていた。十数人ではじまった行進は，最後には数千人になったと書かれている。これを映画ではどのように表現しているのだろうか，というのにも興味があった。

最初は映像と音声を同時に見せ，次に音声だけについて，いくつかの部分を30秒程度ずつ順不同で流し，それを聞きながらどの場面だったのかを考えさせるようにした。会話の場面，演説の場面，口論の場面，闘いの場面，それぞれに特徴があるので，英語そのものはわからなくてもどの場面であったのかは多くの生徒が答えられた。

　また『小さな恋のメロディー』の会話の一部が取り上げられているときには，まず全体を見せて，教科書の部分を繰り返しダビングしておいて，会話練習を行った。さらにペアを組ませて会話の練習を行い，最後にそのペアで発表してもらった。映像で視覚的に見ているので，ペアでの演技も結構さまになっていた。

　また『Love Story』では，主人公の女性ジェニーが病気で亡くなるときに「ごめんなさい」と言ったことに対して恋人が「Love is not having to say you are sorry.」と言葉を返した場面を振り返って，クラス全体で「愛」について考える機会を作った。

3.3.5　生徒の声

- 映画のセリフを真似するのは楽しかった。もっと聴いて，自分で真似したら英語の力が身につくような気がしました。
- 後半にやった聞き取りはヒアリングにもいいし，もっと映画が意識できるから良いと思いました。
- 映画の中での英語を聞き取り，紙に書くのが英語の聞き取る力を育てる良いやり方だと思いました。
- いっぱい見て英語に慣れることが一番だと思う。文法とかも大切かもしれないが，その前に実際の英語の会話を聴く事がよい事だと思う。
- 全く知らない映画ではなく，何となく内容を知っている方が，英語で何て言っているのかがわかると思う。

- 字幕ばかりを読まなくても理解できる映画が良いと思います。字幕に集中してしまって英語が解からなくなってしまいます。
- 映画は日常会話に近いと思う。映画の中で自分の知っている言葉を聞き取れたり，日本語（字幕）と比べてみて，どういう意味で使われるのか知るとうれしくなる。うれしくなると興味が出てきて「学びたい」という気持ちになって，英語の力につながると思う。

3.3.6 プリントの一部から（『GHOST』より）

『GHOST』(1)　　　　　　　　　　　　　　　　リーディングノート(1)

A：LET'S PRONOUNCE（次の英文を読んでみよう）

1. Molly, Sam and his friend Carl are preparing a room.
   モリー　サム　アンド　ヒズ　フレンド　カール　アー　プリペアリング　ア　ルーム
2. Molly and Sam will live together.
   モリー　アンド　サム　ウィル　リヴ　トゥギャザー
3. Sam and Carl work in the same office.
   サム　アンド　カール　ワーク　イン　ザ　セイム　オフィッス
4. Molly is an artist and she is preparing for an
   モリー　イズ　アン　アーティスト　アンド　シー　イズ　プリペアリング　フォー　アン
   exhibition.
   イグズィビシャン
5. One day Molly and Sam go to see *Macbeth* at the
   ワン　デイ　モリー　アンド　サム　ゴウ　トゥ　スィー　マクベス　アト　ザ
   theater.
   スィアター
6. On their way home, they meet a robber and Sam is
   オン　ゼア　ウェイ　ホウム　ゼイ　ミート　ア　ラバー　アンド　サム　イズ

shot dead.
ショット デッド

7. Molly is very sad and Carl comforts her kindly.
モリー イズ ヴェリィ サッド アンド カール コンフォーツ ハー カインドリィ

8. Sam is dead but his ghost is drifting in the air.
サム イズ デッド バット ヒズ ゴウスト イズ ドゥリフティング イン ズィ エア

B：LET'S LEARN（単語や熟語の意味を確認しよう）
 1. prepare [プリペア]　　　　　動：準備する
 2. together [トゥギャザー]　　　副：いっしょに
 3. same [セイム]　　　　　　　形：同じ
   office [オフィッス]　　　　　名：（　　　　　　　）
 4. artist [アーティスト]　　　　名：（　　　　　　　）
   exhibition [イグズィビシャン]　名：展覧会
 5. one day [ワン・デイ]　　　　ある日（いつか）
   theater [スィアター]　　　　名：劇場
 6. on one's way (to)〜　　　（〜へ）行く途中（で）
   robber [ラバー]　　　　　　名：強盗
 7. comfort [コンフォート]　　　動：なぐさめる
   kindly [カインドリィ]　　　　副：（　　　　　　　）
 8. ghost [ゴウスト]　　　　　　名：（　　　　　　　）
   drift [ドゥリフト]　　　　　　動：うろうろする

C．LET'S READ（空欄をうめて訳を完成しましょう）
 1．モーリー，サムとともだちの（　　　　）部屋の準備をしています。
 2．モーリーとサムは（　　　　　　　　　　　　　）。
 3．サムとカールは（　　　　　　　　）で働いています。
 4．モーリーは芸術家で（　　　　　）の準備をしています。
 5．ある日（　　　　）と（　　　　）は演劇の
   （「　　　　　」）を見に行きます。

6. 家に（　　　　　　　），二人は強盗に出会って，
（　　　）は銃で撃たれて死んでしまいます。
7. （　　　）はとても悲しんでカールは
（　　　　　）。
8. サムは死んでしまいますが，彼の（　　　　）
は（　　　　　）。

D. LET'S PRACTICE（文法を学ぼう）
1. Molly, Sam and his friend Carl are preparing a room.
（現在進行形）＝be＋～ing「～している」
5. One day Molly and Sam go to see *Macbeth* at the theater.
（不定詞）＝to＋動詞の原形
ア.「～すること」　　イ.「～するべき」
ウ.「～するために」　エ.「～して」

E. LET'S THINK（考えましょう）
1. 二人の友達のカールはどんな人だと思いますか。
2. この映画の舞台となっているのはどこの都市だと思いますか。

CLASS（　）NO（　）NAME（　　　　）

3-4 生徒を励ます到達目標と評価

3.4.1 評価とは

英語が苦手な生徒にとって，評価とはすなわち成績の数字であり，しかもつねに1に近い数字がちらついている。高校ではそれが進級や卒業の条件となり，さらに圧迫感が増してくる。数字はあくまでも「評定」であり，評価とは別のものであるが，教師の側も同じようにとらえてしまうことも多い。

日々の授業の中で，ちょっとしたことができたということが，本人にとって大きな意味を持つことがある。それを「よくできたね」とほめることが少なくなってきてはいないだろうか。

　授業の中では40人以上を相手にしているので，ついそうした生徒の心を見逃しているということはやむを得ないとしても，別の形で評価できないかということが課題となってくる。評価とは「励ますこと」であり，「励ますこと」は意欲を引き出すかぎとなるからである。

　日本人はこの「ほめる」ということが苦手で，教育のシステムとしても「ほめる」よりは「しかる」，「おどす」ということによって進めてきている面が強い。「勉強」というのは「つらいもの」，「我慢して行うもの」という攻め方をする親や教師が多いのに驚く。

　人間には「何かを知りたい」，「学びたい」という「好奇心」があり，どんな生徒も「学ぶ」ことについて前向きな姿勢を持っている。むしろ現実の歪んだ「勉強」が，「学ぶ」ことから逃避させているという感じがする。

3.4.2　観点別自己評価シート

　生徒全員を授業の中で常に評価するのはむずかしいが，それに対して私は到達目標を設定し，それに対する生徒の自己評価とその自己評価をふまえた私からのコメント（つまり励まし）を出していくことで取り組んできた。

　教科書の新しいレッスンごとにその課の到達目標用紙を配布し，ノートに貼らせておく。そしてそのレッスンが終わったところで自己評価を記入させてノートを提出させる。1人1人の自己評価を読みながら，コメントを書き，次の授業で返却する。そのときには次の課の到達目標を配布するというシステムである。

〈自己評価シートの例〉

教材	The Poorest of the Poor		(Lesson 13)
項目	内　　　　容		自己評価
大目標	(2)人間の心のやさしさ，みにくさを理解し人間的な生き方の美しさに感動できる		B

小	項	内　　容	評	項		内　　容	評
読み取り		ノートに本文を写した	A	その他	班学習	班学習班としてまとまる	B
		新出単語を辞書で調べた	A			班として理解を深める	B
		授業中の説明をノートに写す	A			班として話し合い合いをする	B
		本文全体を訳す	B		ゲームなど	楽しんだ	A
		書かれている内容を理解する	C			積極的に参加した	A
		質問や疑問を出す（4つ以上A）	A			学習のプラスになった	A
		文中の構文や文法がわかる	A			ゲームなどの名前（ビンゴ）	
		本文を声を出して読む	A		通信　NO 43		A
		本文を暗記する	B		通信　NO 44		B
		その他（　　　）			通信　NO 45		B
	歌	Take on Me			通信　NO 46		B
		メロディーを覚える	A				
		歌詞の意味や背景がわかる	A				

詩	歌える（見ながら）	A	感想	班ごとに質問を出すよりも自分で質問を言いたかったです。<u>自分で疑問に思ったことは自分で聞かないと本当の自分の聞きたいことが相手に伝わってないんじゃないかという気がするのです。</u>	
	歌える（見ないで）	B			
	暗写できる	C			
	意味を理解する	/	教科担任より	そうですね。積極的に質問を出すことが，自分自身に勇気を与えることにもなります。次の機会にはよろしくお願いします。3年になっても頑張りましょう。 　　　　　　　　瀧口	
	声を出して読める	/			
	暗記する	/			
	暗写する	/			
	表現する	/			

＊評は自己評価です。A：大変良くできた　B：だいたいできた
C：半分くらいできた　D：ほとんどできなかった（やらなかった）

　この「自己評価シート」を記入していく上での注意事項は次の通りである。
① 　自主教材の場合は教材名だけとなる。
② 　大目標は1つを原則とするが2つ入れることもある。なお大目標の項目は，自分なりに確立した「教材選択の基準」(pp. 17-18参照）から選んでいる。
③ 　歌はできるだけその教材に関連したものを選ぶ。
④ 　感想が書いてない場合は再提出してもらう。
⑤ 　自己評価を基本としているのでこちらで評価を変えるようなことはしない。
⑥ 　教科担任からは必ず一言書くようにする。

3.4.3 到達目標とは

英語における到達目標を考えるとき，英語そのものの到達度を評価する場合と，英語の授業に対する到達目標を評価する場合が考えられる。英語そのものについては，どうしても教師の判断が必要となり，テストの点数をふまえた文法項目や，英作文などがその評価の材料となる。

今回の到達目標では，生徒自身が自分の授業に対する取り組みを評価することによって，授業への関わり方を考えるきっかけとするねらいがあった。生徒の自己評価はこちらで考えるよりも厳しいものになっているのが特徴である。

文法的な面では，入学当初にアルファベットから関係代名詞までの問題を含めた「新入生歓迎テスト」を行い，どこがつまずいているのかをチェックする診断表を作成した。テストの返却時に生徒に2枚ずつ書かせ，1枚は教科担任への提出用，1枚は自分の保存用として持ち帰らせた。

この診断表は継続して取り組み，各項目ごとに平均点を出してきたが，ちょうど中学校の英語が週に3時間になったときにその平均点が大きく低下した。時間をかけてやらなければ身につかないアルファベットや動詞の活用などが大幅に落ち込んだという結果も見えてきた。

4 心のつぶやきを重視する

4-1 「英会話」から「自己表現」へ

4.1.1 用語をめぐって
(1) 「英会話」とは何か

英語に関する本には「英会話」というタイトルのついたものがおびただしく出回っている。英語では「English Conversation」と言われているが、実際のテキストは「買い物」「レストランで」「道案内」「空港で」「ホテルで」などに分かれていて、突然出会ったときの「how to」がまとめられているものが多い。

　オーラル・コミュニケーションの教科書は、そうした「会話」を1年間にわたって扱っているものも多く、「コミュニケーション＝会話」という図式が指導要領も含めて一般化されている。かつては英語の科目名として「英会話」が存在していたこともあり、この言葉がイメージしていることも上に書かれたようなものとして定着しているようである。しかし、もともと「会話」とは「二人あるいは小人数で、向かいあって話しあうこと」(『広辞苑』)であり、「an informal talk in which people exchange news, feelings, and thoughts」(*Longman Dictionary of Contemporary English*)であるから、決して「買い物」や「空港で」ではない。したがって日本における「英会話」という言葉の使い方には、二重の意味で誤りがあると言わざるを得ない。

(2)　コミュニケーションとは何か

　さらに進んで、「コミュニケーション」というカタカナが1980年代以降頻繁に使われるようになったが、これも「社会生活を営む人間の間に行われる知覚・感情・思考の伝達。言語・文字その他視覚・聴覚に訴える各種のものを媒体とする」(『広辞苑』)であり、「the process by which people exchange information or express their thoughts and feelings」(*Longman*)ということで、「買い物」や「空港」とはかけ離れたものである。特に英語の定義からすれば「自己の意見や感情を表現する」ということが重視されているわけで、それを抜きにした「英会話」や「コミュニ

ケーション」などは論外と言わざるを得ない。また現在の40人のクラスサイズで「英会話」や「コミュニケーション」を行うということもある意味では常軌を逸した行為と言えないこともないほど困難なことであることも付言しておきたい。

(3) 自己表現とは何か

新英語教育研究会では1960年代から生徒の自己表現を大切にする実践を積み上げてきた。今でこそ「自己表現」という言葉に違和感がなくなってきているが，当時教育委員会の主催する研修会などではさまざまな抵抗があった。私が教師になった1970年代においてもそれは強いものがあり，なぜここまで自分を表現するということを避けるのか疑問であった。

1980年代に入ると『新英語教育』（三友社）は言うまでもなく，『英語教育』（大修館）や『現代英語教育』（研究社：現在は休刊）においても「自己表現」という言葉が取り入れられ，学習指導要領でも「自己実現」などと表現を変えて取り入れられるようになってきた。ただし，『新英語教育』で取り上げられた実践もその多くが「英語を書く」というテーマでの「自己表現」が中心で，音声表現の自己表現という点では，英語ができる生徒が集まる学校において，スピーチをさせたり創作劇をさせたりというものであった。

4.1.2 音声による「コミュニケーション」を目指した自己表現

オーラル・コミュニケーションの実施とあいまって，中学や高校現場にALT（語学指導助手）が来るようになり，創造的な取り組みができるようになった。その実践などについては次の4-2（p.104）で紹介することにして，ここでは英語が苦手な生徒を対象としたコミュニケーションへのアプローチについて報告したい。

(1) 「私が主人公」

英語のゲームで「Who am I?」というものがある。誰か1人に対して他の生徒が質問しながら、「私」が誰であるのかを当てるもので、大統領に扮したり、スポーツ選手になったり、それなりに楽しむことができる。しかし、やはりゲームはゲームであり、自己表現にはならない。しかもある程度英語ができないとゲーム自体が成り立たないという問題もある。

そこで、1人1人を主人公にした取り組みについて考えてみた。

まず、「今日の主人公」を決めて、他の生徒に次のような小さな紙を配布する。

質問文（日本語）	
質問文（英　語）	

いきなり生徒を主人公にすると抵抗があるので、まずは教師が主人公になってみんなに質問を書いてもらう。1人1つを原則にして、日本語でもよい（というかほとんどは日本語）ことにすると、気楽に書いてくれる。「いつ生まれましたか」「結婚していますか」「車の免許を持っていますか」という一般的な質問から、「このクラスをどう思いますか」「テストの問題を教えてくれますか」などのややふみ込んだ質問やら要望、挙句の果ては「前科がありますか」などというのも飛び出す。

次の授業では教科通信としてそれらの質問を日本語と英語で併置して、質問者の名前を書き、その下にそれについての教師の回答を英語だけで書いておく。英語にはすべてカナをふっておき、だれでも読めるようにしておく。

〈教科通信より〉

> **質問コーナー**（名前は質問者です）
> ◎ QUESTIONS TO MR.TAKIGUCHI
> *When were you born? （いつ生まれたか：MORISAWA, TANAKA）
>   フェン　ワー　ユー　ボーン
>   → I was born on 3rd, June, 1951.
>   アイ　ワズ　ボーン　オン　サード　ジューン　ナインティーフィフティワン
> *What do you think about this class?
>   フアット　ドゥ　ユー　スィンク　アバウト　ディス　クラス
> （このクラスをどう思う：HORIUCHI）
>   → I think that all the students in this class are
>   アイ　スィンク　ザット　オール　ザ　ステューデンツ　イン　ディス　クラス　アー
>   very warm.
>   ヴェリィ　ウォーム
> *Are you married? （結婚していますか：HORIUCHI, SEKIGUCHI）
>   アー　ユー　マリィッド
>   → Yes, I am. (twenty-three years ago)
>   イエス　アイ　アム／　トゥエンティースリー　イヤーズ　アゴウ
> （以下質問と回答が続く）

　授業では全員分の質問と回答を1枚の紙にプリントして配布する。まず自分の質問をさがさせる。そして教師の回答（英語でしか書いていない）がわかるかどうか1人1人確認する。全員がわかった段階で，1人1人に自分の質問について読む練習をさせる。プリントを見なくても言えるまで練習するよう指示して2分程度の時間をとる。それから1人1人が覚えた英文で教師に質問し，教師はそれに対して答える。最後に教師の回答がみんなに理解されているかどうかを確認する。わからない場合は教師が答えるのではなく，質問した生徒が教えることにする。

　次は生徒の番となるが，私の実践では，担任の教師にも聞きた

いという要望が出て，担任への質問が出された。職員室でその質問に対する回答をお願いしたら，担任は社会科の教師であったが，自分で和英辞典を引きながら回答を作ってくれた。それをワープロで入力して，次の授業で私が担任になったつもりで答えると，生徒はことのほか喜び，担任に対して親近感をもったようである。

　あとは生徒の番である。雰囲気はすでにできているので，「恋人の名前は」「いつ結婚するのですか」「好きな車は何ですか」「休みには何をしているのか」など，さまざまな質問が出される。授業が終わってから「今日の主人公」を呼んで，1人1人から出された質問に対して，どう答えるのかを聞いておく。次の授業までにそれを英語に直したものをプリントにして配布する。ただし，「Yes, I do.」程度ならば生徒本人でも答えられるので，できるだけ生徒の答えに近い英語で書くようにするとよい。

　生徒同士のやり取りでは，練習の成果もあって，迫真の演技で質問する生徒も出てくる。答える生徒は数が多いのでプリントを見ながら答えてもよいことにする。

　この活動を実際に行った生徒の反応としては，「人に聞きたいことを授業でやってなおかつ英語で質問ということは，やってみてよかったとおもう」「お互いの意見が聞けてよかった」などがあり，お互いの理解につながったという点がよかったようである。

(2)　スキットづくりから

　オーラル・コミュニケーションの授業が実施されてから「スキット作り」の実践が広く行われるようになった。ここではテーマを絞ったスキット作りについて考えてみたい。

　例として環境問題をテーマにしたスキットづくりを挙げる。

　環境問題というと実に大きなテーマで，なかなか取り組みにくいものであるが，あまり欲張らずに身の回りで起こっている問題

や日頃感じていることを材料にして作るとよい。環境問題については用語が必要なので，まず，1人1人に自分が知っている環境問題に関する用語を日本語で書かせ，英語で書けるものがあったら英語に直させることからはじめる。それを集めてあいうえお順にリストアップして次の授業のはじめに配布する。

次にペアを組ませてスキットを作り始めるが，わからないところは巡回しながら教えていく。1人がかならず3回はしゃべることを条件にすると，どちらかが一方的にという形にはならない。英語が苦手な生徒は，できるだけ少ない英語で表現しようと工夫するであろう。

各ペアごとにできあがったものを見せてもらい，それを清書させる。1人が原版を持ち，もう1人が清書したものを持ってスキットの練習をさせる。一生懸命読む練習をするペアもあれば，練習にとりかからないペアもある。そのペアにはこちらが近づいてそれぞれと練習をしてから2人での練習を指示するとよい。自分から積極的に取り組むというのはなかなか大変なようである。一旦練習が始まってしまえば結構のってくれるが，そこまで持っていくのが一苦労である。

発表はペアごとに行うが，全部で5往復程度の会話なので，1クラスにつき40分程度で終わらせることができる。クラスによっては次の時間まで食い込むかもしれないが，次の時間にはスキットを材料にして環境問題について考える時間も設ければ，単なる英会話ではなく，多少のコミュニケーションにもつながる。

なお次の年度では，生徒が前の年に作ったスキットを参考に提示すると，より具体的なイメージができ，内容的にも豊かなものになる。用語集も前年度のものに新たな生徒の用語を加えると，100近い表現が一覧にできる。

4-2 ALTと授業をどうつくるか

4.2.1 ALTをめぐって
(1) 導入の経緯

　1987年にスタートした「海外青年招致事業」であるが，当初の500人から5,000人を超えるところまで増えてきた。はじめはどこまで継続するのか疑心暗鬼なところもあったが，国際化の流れにのってここまで続いてきている。

　導入初期にはさまざまな抵抗もあったが，現在はそれらが表面的に出てくることは少ない。現場が受け入れに慣れてきたと同時に協同授業を通じてプラスに働くところも見えてきたのであろう。ただし，導入前に比べて教師の負担は相当なものに増えており，その犠牲のもとに行われているということは事実である。

　埼玉県では調査を踏まえて県の教育委員会に要望書を提出し，ALT担当者（各高校で窓口になっている教員）の負担軽減を求めた。新しく入ってくるALTへの対応は，銀行や市役所への手続きなどを含めて年間に250時間にものぼる。授業時間に換算すれば週に6～7時間に相当し，その分，正規の授業に時間をかけられなくなっていることも確かなことである。採用の継続については3年を上限にしているので，どんなにうまくいってもまた1から出直すという繰り返しになっていく。そのエネルギーは膨大なものであろう。

(2) ALTに対する生徒の反応

　導入当初は生徒もものめずらしく，しかも年に数回のことでもあったので，その授業は楽しく過ごしていた。英語教師も特別な授業として位置づけ，日常の準備とは異なる時間をかけていた。

　3年4年と経つうちに，1つの学校に1年間配置されるという

制度が一般化したこともあって，生徒のものめずらしさが失われ，英語の授業の中味が問われるようになってきた。そこで生徒の反応も大きく変わらざるを得なくなっている。1994年当時の埼玉県高等学校英語教育研究会の3,000人近い高校生への調査では，ALTとの授業が楽しいという声が6割，そうでもないというのが3割程度と反応が分かれている。その数字はその後の調査で，やや「楽しい」が少なくなってきており，マンネリ化しているとも言えなくはない。生徒にとってはめずらしいものではなくなってきていることは確かである。ALTは中学校でも来ていたし，これからは小学校でも来ることになると思われるので，さらにその勢いは加速されるはずである。

4.2.2 ALTとの実際の授業
(1) 社会問題を積極的に取り上げるALTとの授業

日本では高校生に社会的な問題を考えさせることが押さえられているが，世界的に見れば社会の問題に積極的に関わろうとすることが若者の本質でもある。英語圏からやってくるALTはその多くが大学を卒業したばかりの若者であり，彼らは積極的に自分の立場をアピールする。

私自身は授業で生徒に社会問題を考えさせることに積極的に取り組んできたので，ALTとの授業はとても有意義に取り組むことができた。初年度はALTが1年でアメリカに戻ってしまったので十分にはできなかったが，2人目のカナダからのALTはカナダのみならずヨーロッパやアフリカで教えた経験を持つ女性であった。

4月当初は彼女のカナダの生活や文化について話をしてもらっての活動を行い，5月以降は彼女にさまざまな社会問題について話をしてもらい，それについて生徒から質問してもらったり，生

徒へ問いかけたり,というスタイルをとった。

　さらに2学期は私が毎回取り上げている英語の歌を教材にして,その聞き取りやディクテーションも加えた。教師経験のある彼女は,生徒への話しかけはゆっくりと口を大きくあけて行ったので,ほとんどの生徒が音を聞き取ることができた。意味はわからなくても,音が聞き取れるだけでも生徒にとっては「わかった」という気持ちになれる。

　社会問題について取り上げる場合は,事前にALTと私との話しあいが必要である。湾岸戦争などについては,「イラクが侵略し,多数のクウェート人が犠牲になっているのだから,多国籍軍がイラクを攻めるのは当然ではないか」という立場と,「結局犠牲になっているのは市民なんだから武力を使ってはいけないのではないか」と意見が対立したこともある。しかし意見は意見であり,それを確認した上での授業なので,実際の授業ではむしろお互いが歩み寄った形で生徒に提示されていく。生徒も関心があることなので,ALTの質問に対して身ぶり手ぶりでこたえていく。

(2)　生徒の感想
・いろんなことをしたり,いろんなことを教えてもらったりして楽しかった。
・授業は楽しくてよかった。意欲的に普段の授業も受ければよかったと思った。
・授業は楽しかったけれど何を言っているのかがわからないところがあったから残念です。

　以上に象徴されるように,授業で考えた社会的なことについての意見はそれほどはっきりと意識されているわけではないが,ただゲームをやるだけよりは生徒の心に残るものになる。

もちろんゲームについても授業に取り入れてはいるが，それはあくまでも「楽しみ」として実施している。

(3) ALTとのコミュニケーションノート

ALTともっと直接的に交流したいという生徒の願いを受けて，ALTに生徒とのコミュニケーションノートの交換をお願いした。快く引き受けてもらい，さっそく次の授業からスタートした。

ALTとの授業は5時間のうちの1時間なので，残りの4時間については接点がない。そこでその4時間に生徒が順番に英語でノートを書いて，ALTとの授業の日にそれを渡して，コメントを書いてもらうというシステムである。ALTは授業終了後にコメントを書いて教師の机の上に置いていく。次の授業で前の週にノートを書いた生徒に渡して，自分の質問や感想に対するALTのコメントを読む機会を作る。

ところが私が受け持った生徒たちはALTの手書きの英語が読めなかったり，英語そのものがわからなかったので，読みたいけれども読めないということになった。

そこで私は生徒の質問とそれに対するALTのコメントをワープロで読める英語に手直しし，さらに日本語の意味をつけるという手間をかけることにした。

私の所に来たシンシアさんは結局3年間いっしょに授業を行い，さらに栃木県にALTとして再任用されて3年間滞在することになった。現在でもメールでのやり取りがある。

(4) インフォーマントとしてのALT

ALTの存在価値としてさらに意味が大きいのがインフォーマントとしての存在である。英語が母語である彼らに，私たち教師の英語をより正しいものにしてもらうことが可能になった。

(生徒の自己紹介と質問)
　Hello Ms. Cynthia

　　My name is Masaru Arai. I belong to baseball club. My hobby is listen to music. Do you like Japan?

(ALT のコメント)
　Dear Masaru:

　　So you are in the Baseball Club…what position do you play? I would love to watch you play a game. When will the Kawaguchi High School Club play a game?

　　I do like Japan but I do get tired of people staring at me, children pointing and saying "Gaijin da!" and people yelling "Harro! Harro!" to my back. It all seems impolite. It is so much nice when people say "Hello!" or "Konnichiwa" to me (to my face) and not to my back. Nevertheless, there are many nice things in Japan and so, I want to stay one more year. I want to know Japan better.

□親愛なるマサル様

　つまりあなたは野球部に所属しているのですね。どの守備位置 (position) を守っているのですか。あなたが試合に出るのを見たい (would love to〜＝would like to〜) ですね。いつ川口高校の野球部は試合するの (play a game) ですか。

　<u>私は**本当に**日本が好き</u> (I **do** like Japan) ですが、日本の人々が私をじっと見たり、子どもたちが指差しながら「外人だ」というのに、あるいは人々が「ハローハロー」とさけぶ (yelling) のに<u>とても**疲れました**</u> (**do** get tired of)。それはとても<u>失礼だ</u> (impolite) と思います。私の背中からではなく顔を見て「ハロー」とか「コンニチワ」と言う時、それはとてもよい事だと思います。<u>でも</u> (nevertheless) 日本には多くの素晴らしいことがあり、<u>だから</u> (so) 私はもう１年滞在したいと思います。日本をもっとよく知りたいのです。　　　　　　　　　　　　　　シンシア

＊覚えてほしい英語の表現には訳に下線を引いて英語を (　　) に書き出した。

映画を授業に使いたいと考え『ダンス・ウイズ・ウルヴズ』のストーリーをプリント20枚に分けて，会話のシーンなども取り入れたものを作成した際にも，その映画を知っているALTにプリント集を読んでもらい，英語の手直しをお願いした。実に的確に内容を損なわずにチェックしてくれた。

　ALTが身近にいるということは，私たち英語教師が日常的に英語をブラッシュアップする機会を持てるということであり，それは英語を話すということは言うまでもなく，あらゆる分野におよぶ。

　海外の手紙の送り先が増えてきたことをきっかけに，英語の家庭新聞や個人ニュースを作成して配布することがあるが，身近にALTが存在しているときには常にそのチェックをお願いした。私自身が何を考えているのかを知ってもらう上でも意味があるからである。

　3人目のALTはニューヨーク出身の黒人女性で，大学では国際政治を研究していた。授業についてはまったくの素人で，1つ1つのことをこちらで教えなければならなかったが，私が黒人問題に関心があるということを聞くと，ニューヨークから貴重な資料を取り寄せてくれたりもした。こうした交流がALTとの関係ではもっとも重要なポイントとも言える。

4-3　絵で表現する授業

4.3.1　英語（言語）教育と絵画表現

　言語の授業と絵画は一見結びつきがなさそうで，実は強い関係がある。なぜ多くの絵本が子どもたちのために作られているのか，またなぜ子どもたちは絵本を読む（見る）のか。絵と文字を関連させて学んでいくということは，幼児教育の世界では実際に行わ

れているのであるが，学年があがるにつれて失われ，高校に入るころはほとんどが文字の世界になってしまう。

しかし近年の脳の研究において，イメージをつかさどる右脳の持つ意味がクローズアップされてきた。日本の外国語教育は言語脳と言われる左脳のみを中心としたもので，言葉を文字として記号的に学んでいくことが進められてきたことに対しての警鐘ともなっている。

4.3.2　絵本作りとイメージ化

夏季休業中の課題として，生徒に読み物を渡してそれを読ませるということがよく行われる。私はそれをもう一歩進めて英文だけ渡して，それをもとにして絵本を作ることを課題にした。教材は『The Poor Elephants』，第2次大戦中の上野動物園における象の話で，戦争のためにそれまで飼っていた3頭の象を殺さなければならなったという話である。

生徒には英文を訳すことと，それをもとにして最低5枚以上の絵を描くこと，絵といっしょに日本文を表に書いて，裏にはその部分の英語を書くように指示した。

生徒はそれぞれ個性的な絵本を作ってくれたが，絵に描くときに英文がどのようなことを表現しているのかを考えなければならず，その点にもっとも苦労したということが感想に出てきた。英語を日本語に直す以上に，正しく英語をイメージとして理解する重要性を学んだようである。

また教科書に『Please Save the World』として，アメリカの6歳から10歳の小さな子どもたちが核兵器をなくしてほしいという願いを取り上げたものがあった。「核爆弾を止めなかったら，誰がお花の世話をするの」「神様へ。アダムは人間第1号。僕を最後の生き残り人間にしないでください」「もしも，核爆弾をと

めないと, すぐに天国はギュウギュウづめになっちゃいます」など, いずれもあどけないものであるが, これを自分らしい日本語に直させて絵を描かせてみた。ここでも絵を描かせることによって深い読み取りにつながっている。

・自分たちの住んでいる地球が直面している危機を知り, 不安になって何とかして救ってもらいたいと神様や大統領に手紙を書いたのだと思う。私は小さな子どもまでがこんな心配しなくてはならない時代を悲しく思う（Y）。

最後に, これを日本語に訳していた黒柳徹子さんと編者のアドラー氏に生徒の手紙と描いた絵を送っておいた。

4.3.3 英詩の絵によるイメージ化

アメリカの詩人 Sara Coleridge が「The Months」という詩を書いていて, 1年間を月ごとに2行の簡潔な英文で表現している。これを絵で表現させてみた。

プリントの左側には英詩, 右側には12に区切った欄を書いて配布する。この詩を絵で表現して12か月の絵カレンダーを作ってみようという指示を出す。

まずは詩を訳すところから入る。例えば辞書で daffodils は「水仙」と載っているが, dancing daffodils とはどんな状態なのかを議論するところからはじめる。各月ごとにそのような疑問を解決しながら意味を確認し, 最後に絵で表現できるところまでもっていく。生徒が描く絵は, それぞれみんな違うが, 内容を理解しているかどうかが読み取れる。色鉛筆できれいに仕上げるのは女子生徒で, 男子生徒は鉛筆のみで表現する。作品は教室で展示したあと冊子に閉じて保存する。

私の学校では定期テストでその英詩の全訳を課してみた。単語

も結構むずかしいものがあるので,どこまでできるか心配であったが,8割以上の生徒が完璧に日本語に訳してくれた。英詩がイメージとして頭に残っているので,そのイメージに沿って日本語が出てきたようである。

4.3.4 五行詩とイメージ化

詩を作る実践にも取り組んでみた。

まず一例として次のような五行詩をプリントにして配布する。

Sea	海
Wide, energetic	広く　情熱的で
Rolling, washing, singing	ゆれて,洗って,歌って
You are always traveling	あなたはいつも旅している
Ocean	洋よ

1行目にまず表現したい名詞を1つ,2行目にはその名詞を説明する形容詞を2つ並べ,3行目はさらにその名詞につながる動詞を3つ,4行目には関連する英文を1つ書いて,最後の5行目は1行目と同じ名詞か,関連する名詞を書くというものである。

生徒には詩を日本語と英語で書いて,それをさらに絵で表現してみよう,と指示を出す。以下は生徒の作品である。

Rainbow	虹
Beautiful, brilliant	美しく,光り輝いている
Smile, sing, float	ほほえみ　歌い　浮かぶ
You give a dream.	あなたは夢を与えてくれる
Rainbow	虹よ

> Dove
> Peaceful, innocent
> Coo, soar, carry
> Your eyes are always gentle.
> Pigeon
>
> 鳩よ
> 平和な，無邪気な
> ささやき，舞い上がり，伝え
> お前のひとみはいつも優しい
> 鳩よ

4.3.5 自己表現としての絵

英語教育における自己表現を考えるにあたっては，絵によって自らを表現するのも自己表現として位置づける必要がある。文字や音声で表現するのが苦手な生徒もいる中で，絵で表現させたら素晴らしいものが生まれてくるという例もある。上に掲げた5行詩の後者は，日頃の授業ではほとんど言葉を出さず，友だちともほとんど会話をしない生徒の作品である。今回の課題では，まず絵を表現するということから彼女の緊張がほぐれてこのような素晴らしい作品につながっているのではないかと思う。

4-4 俳句作りでこころをひらく

4.4.1 英語と俳句

近年日本の俳句を英語で紹介することが盛んに行われ，世界からも俳句への関心が高まってきた。航空会社の主催で，世界の子どもたちから俳句を集めてそれを本にするという企画もあらわれ，日本文化である俳句と英語教育との接点が作られている。

五七五の中に季語を入れたりすると複雑になるので，そうした決まりをあまり意識しないで取り組ませる形が多くなっているようである。検定教科書でも俳句が取り上げられるようになり，芭

蕉の「古池や蛙飛び込む水の音」は英語でどのように表現されるのかを考えてみるという取り組みなども出てきた。

4.4.2 俳句を作ろう——初級編

2年生の教科書に芭蕉の俳句が出てきたので、私自身の俳句を作って紹介しながら、彼らに自分の生活や考えを表現させた。

Let's Make Haikus——俳句を作ろう
レッツ メイク ハイクス

　　日本語　　　　英語
例1：誕生日　　　Birthday　　例2：夏休み　Summer Vacation
　6月3日は　　June, 3rd has　　旅行と登山　travel & climbing
　過ぎ去った　　passed by.　　　楽しみだ　very interesting

日本語　　　　　　　　　　　英語
_____　　5　_____
_____　　7　_____
_____　　5　_____

日本語での俳句さえも書いたことがない生徒には教師の例を参考にさせるとよい。1人2句ずつ書いてもらい、和英辞書を使って単語を見つけるところからはじめる。辞書は必ず数冊用意しておいていつでも使えるようにしておくとよい。

　　ともだちの　　　　　　My friend
　　バイクこわれて　　　　Motor-cycle broke
　　かわいそう　　　　　　very poor（N：男）

雨が降る	It's raining
いやな季節だ	Bad season
梅雨入る	The rainy season has set in（N：男）
授業中	Class work
とっても眠くて	Very Sleepy
大変だ	I can't bear（T：男）
夏休み	Summer vacation
終わってみれば	When it ends
夢の跡	dreams remain（K：男）
はたちから	In twenty
さけもたばこも	Alcohol and ciggarette
オッケーだ	OK, too （O：男）

4.4.3 俳句で1年12か月

1学期は特にテーマなどは指定しないで自由に書かせたが、2学期は1年間12か月を俳句にしてみようと提起し、12か月の担当者を決めた。1学期の作品をもう一度みんなに配布し、創造的な作品を作るよう呼びかけた。

4月
定時制	Night high school
それでもりっぱな	But a wonderful
高校生	High school student（N：男）

5月
こいのぼり	Carp streamers
子どもの権利も	Please hold

| | のぼらせて | The rights of our children（S：男）|

6月

	6月は	Many brides in June
	花嫁多い	Though
	梅雨なのに	We have much rain（T：男）

7月

	7月は	In July
	職安行って	I go to the employment office
	職探し	To find a job（K：男）

8月

	8月は	In August
	暑さ忘れる	We hold Bon-festival
	盆踊り	To throw away hot（M：女）

9月

	夏過ぎし	The summer is passed
	すずしき風よ	Cool wind is blowing
	9月の夜	On a September night（M：男）

10月

	税金を	I paid tax
	納めてみれば	But politicians
	無駄遣い	Used it for bad aims（KB：男）

11月

	楽しみだ	I'm happy
	11月は	In November
	誕生日	Because of my birthday（S：男）

12月

	12月	Christmas
	クリスマスだよ	We can get
	プレゼント	Some presents（F：男）

1月
- お正月　　　　　　Happy New Year
- 心も新たに　　　　My heart feels new
- 初日の出　　　　　At the first sunrise（H：男）

2月
- チョコレート　　　A lot of chocolates
- もらえる季節　　　I will have them
- 楽しみだ　　　　　On Valentine's Day（K：男）

3月
- 決算期　　　　　　Road construction
- 道路工事が　　　　Remarkably increases
- 目立ちます　　　　As accounts are closed（Y：男）

5 クラス運営・学校行事と関連させる

5-1 文化祭をどのように活用するか

5.1.1 英語の授業と文化祭

　英語の授業をどのように有機的に学校行事に結びつけていくのかという課題も，英語が苦手な生徒を抱えた学校においては大きな意味がある。教室でじっと授業を受けているだけの状態には耐えられない生徒たちの英語へのエネルギーを作り出す場として，学校行事，とりわけ文化祭の果たす役割を生かしたい。

　多くの高校がクラスの参加を義務づけたり，当日の出席を義務づけたりしながら，何とか学校に足を向けさせようと苦労しているのが実態でもあろう。

　せっかくクラス参加が保証されても，肝心の生徒たちは何とか

それから逃れようと考えるので，結果として担任や部活動の顧問が中心になって取り組むというスタイルになる。そこでせっかくならと英語を使って取り組める企画を生徒とともに考えた。以下，その企画を紹介する。

5.1.2 「学級平和宣言」と平和の手紙
(1) 「学級平和宣言」の企画の誕生

「学級平和宣言」をまとめてそれを世界の首相や大統領に送り，返事をもらおうという企画ははじめから存在したのではなく，「お巡りさんにアンケート」という企画が，無回答ということでつぶれた代わりに実施されたものである。したがって生徒ははじめからそれほど積極的に取り組んだわけではない。

「学級平和宣言」という企画は，当時長野県の高校すべてが何らかの形で「平和宣言」をまとめたという報告に着想を得た。それに英語という要素を重ねて，海外に送ってみるということにして，最終的に英語の授業と結びついてきた。

平和宣言については，いくつかの例をもとにして案文を作成し，最後は生徒たちが全員で承認する形で日本文を完成させた。そしてそれをどこの国に送るかという話し合いの場を設け，グループを作り，そのグループで自分たちの手紙を書くことになった。送りたい国や地域をはじめに出させたが，アメリカ合衆国，ハワイ，オーストラリア，中国，香港，イギリス，フランス，オランダなどが出たので，それぞれの地域に分かれて相談させた。手紙は私が英文の例を作成し，それをもとにして生徒たちがアレンジした。文化祭では「学級平和宣言」や平和の手紙を展示して，文化祭後にまとめて送った。大使館などに電話して住所を調べたり，わからないところは名前と国や地域だけ書いて投函するという大胆な方法であった。

(2) 「学級平和宣言」

> 「ノーモア広島」「ノーモア長崎」の願いもむなしく，今この地球上には"5万発"もの核兵器があり，その威力は，広島型原爆の"100万発"にも相当する。そしてそれは，この愛すべき地球を40回破壊してもあまりある。人間はなぜそんな自殺兵器を争って所有したがるのだろう。核兵器がなぜ必要なのだろうか。核兵器が飢餓を救うのか。核兵器が病気を治すのか。核兵器が平和を作るというのか。私達にはわからない。
>
> なぜ国々はいつもにらみ合っているのだろう。思想や宗教，肌の色が違うからといって争うのは「バカ」げている。今こそ人類の危機を乗り越えなければならない。それには，国々が国境を越えた協力をし合わなければならない。宇宙から見れば地球は青くそして国々を分ける国境なんて，どこにも見えないのだから。
>
> 被爆国である私達は，永遠の"戦争の放棄"と"平和を愛する国民"として世界に向けて大きく叫ぼう。世界中には，解決しなければならない問題が山ほどあり，特にアフリカの飢餓難民の問題は，生命に関わる大きな問題として緊急に解決しなければならない問題である。
>
> ヨーロッパやアメリカでは心有る多くのアーチストたちがアフリカを救おう」を合言葉に立ちあがっている。私達桶川西高3年4組は，文化祭を機会に世界の指導者のみなさんに，平和のために力を尽くしていただきたく訴えつつ，自らも平和のために全力を尽くしてやまないことをここに宣言いたします。

(3) 各国からの返事

10日後，まず香港の総督という肩書きの人から返事が届いた。授業ではそれをみんなで読むところからはじめた。香港に送った生徒は本当にうれしそうで，「平和宣言を送っていただき，大変感謝しています。この宣言は，戦争をにくみ，平和のために活動しているすべての人々と分かち合うことができます」というメッ

セージに感激した。他のところへ送った生徒たちは，毎日のように私のところに寄ってきて，「オランダからきた？」「アメリカからは？」などと問いかける。そうこうするうちに，フランス大統領からフランス語で，ハワイ州知事から英語で，さらにニュージーランド首相，イギリス首相，オーストラリア首相などからも続々と届き，授業のたびに盛り上がった。すべてを授業で取り上げることはできないので，一部を除いては通信でその中味を紹介するだけにとどまった。

(4) 海外首脳からの手紙

> Thank you for your letter and enclosures explaining your recent efforts to promote world peace and the anti-nuclear movement. I appreciate the sincerity of your letter and the excellence of your statement to world leaders.
>
> My office is only a few miles from Pearl Harbor, and is located at the foot of an ancient volcanic crater which contains the National Memorial Cemetery of the Pacific. Buried there, row and row, are our honored dead of World War II.
>
> All war is insane, whether the weapons are bows and arrows or nuclear missiles. Peace comes from the implementation of justice and equality.
>
> I only can suggest that you continue to work for peace. That is what so many seek. It may be that your generation, when you become world leaders, will find the answer because today you have dedicated yourselves to promoting peace and an end to the nuclear threat.
>
> Governor of Hawaii

(5) 生徒の感想から

・本当,最初はどうなるかと思ったけれど,それらしい文化祭ができて良かったと思います。新聞を読んだときはとてもうれしかったです。返事も来ているようだし,良かったですね。(T)
・私たち3－4に続いて後輩がうけついでくれるといいな,と思います。(N)
・文化祭の手紙,私たちの書いたスイスはまだ返事がきません。返事のきた夢を見てしまいました。早くこないかな。楽しみです。(M)
・"世界平和"にむけてとてもいいことだと思います。もっといろいろな国のいろんな人と友達になる必要があると思います。(O)
・私たちが出した手紙が次々に届いているというのはとてもうれしいことだと思います。それだけ世界も平和をのぞみ,戦争を憎んでいます。私たちの若い時代に平和の基礎を築きたいと思います。(D)
・手紙の返事が返ってくるんだからすごいと思った。(W)

5.1.3 生徒会への発展

　実はその翌年には,生徒会がその経験をふまえて「学校平和宣言」に取り組むことになった。5月の子どもの日に関東近県の高校生集会に参加して他高校の生徒のエネルギーに刺激を受けた生徒たちが,自分たちも何かできないかと相談してきたのである。前年度のクラスの取り組みとして「学級平和宣言」を紹介したところ,生徒会長をはじめとして全体で取り組もうということになったようである。

　まず,生徒会長自ら生徒会平和宣言を書いて,それを留学生の協力で英語に直し,メッセージを完成させた。1学期末の7月に

は30か国以上にそのメッセージを送った。夏休みをはさんで，9月始めには世界各地からメッセージが続々届き，生徒会として教室を確保して展示した。

さらに文化祭全体のテーマを「Peace」として，平和の風船を飛ばした。その風船は遠く県外の人に拾われ，そこからメッセージが届いたりした。

各国からのメッセージはその後の3年生の授業で紹介し，一部は授業で読んでみた。ニュージーランドやスウェーデンの首脳からは格調高いメッセージが届いていて，多くの生徒が感動していた。

なお，生徒会誌では文化祭の取り組みと各国からのメッセージをまとめて紹介し，英語の訳については生徒会のメンバーが悪戦苦闘しながら（というか，私に再三質問を重ねながら）完成させていった。この年の生徒会役員たちは，自分たちが「生きている」ことを実感して卒業していったようである。

5.1.4 課題として

文化祭はどうしても文化部やクラスが焦点となって，授業との接点を作りにくい。しかし教科としての取り組みを文化祭に組み込めば，それもまた1つの柱になり得るし，地域との結びつきや文化活動なども視野に入れると，むしろもっと積極的に取り組めるテーマではないかと考えている。

高校によっては，文化祭をやめてしまったり，一般公開をやめたりという報告も聞いている。生徒指導に追われて文化祭どころではないというのが大きいようである。しかしそれではますます生徒のエネルギーを押し込めてしまうことになり，結局学校から離れていってしまう。

文化祭に各教科が競って取り組みを進めれば，その教師の専門

性も生かされて，内容のある企画ができるのではないかと考えている。小学校や中学校において学級崩壊や校内暴力などの問題が年々激しくなっているが，さまざまな調査によれば，授業が充実して生徒たちがわかるようになれば自然におさまっていくという。教師自身も授業に自信が持てれば，学級崩壊を食い止めることができるというデータも出されている。

　文化祭に教師が教科として積極的に取り組むことが，生徒たちに対して新たなインパクトを与えることにもなるので，そういう視点からも文化祭を多いに活用したいものである。

5-2　修学旅行をどのように活用するか

5.2.1　修学旅行と英語の授業

　修学旅行で海外に出かけることは私立高校にとっては当然のようになってきているが，公立高校でも韓国や中国への修学旅行が認められるようになってきたのはこの数年であろうか。かといってすべての学校が海外に出かけているわけではなく，多くの高校が国内に行っているのが現状である。

　また，修学旅行を見学中心に位置づけて，さまざまな遺跡や観光地を回るというスタイルもあれば，体験学習と称して，農作業や文化活動を行うというケースもある。

　英語の授業との結びつきで言えば，観光であれ体験であれ，関連するところについての英文があれば，それを英語の授業で取り上げることができる。沖縄に行くのであれば，沖縄について英語で紹介した冊子を読んだり，広島や長崎に関連した英語を読んで，平和学習の一環と位置づけることも考えられる。実際に多くの学校でそうした事前学習に取り組んで，修学旅行の成果をより豊かに進めようとする努力が行われているのは確かである。

したがって，修学旅行を英語学習の機会として位置づけることは非常に有効な方法と考えられる。そして私が今まで取り組んだこともその1つとして紹介したい。

5.2.2　旅行先での課題例
(1)　英語コレクション

日本中どこに行っても英語があふれている。特に観光地は，ほとんどの表示が英語で行われている。それを前提にして，課題として提起するのが「英語コレクション」である。修学旅行期間中に自分が出会った英語とその意味することを書きとっておき，それを持ち帰って一覧表を作成するという簡単なものである。事前にプリントを1枚渡して，そこには「英語」「表す意味」そして「どこで出会った」のかを書きこむようになっている。

京都や奈良，広島に行けば，すぐに20位の数は集まるので，目標を20個と設定する。Ｂ5の大きさ1枚で収まるので，修学旅行のしおりや手帳の間に挟んでおくことも可能である。修学旅行は班での行動が多いので，グループで課題を集めさせたこともあるが，基本的には個人にしておかないと，みんな同じものを書いてしまうことになってしまう。

早い生徒は初日にほぼ集めきって，あとは修学旅行を楽しむということもある。多くの生徒が半ばを過ぎてから集め始め，最終日には終わっているというパターンになる。クラスの数人は修学旅行中はほとんど忘れていて，友達がやり終わったのを見て，あわてて身の回りを探すということもある。最悪のケースは帰りの新幹線の列車内で探すということになってしまう。

ねらいは，いかに多くの英語が使われているのかを認識させることであり，それが本当によいことなのかを考えさせる機会にもなる。生徒が提出したものを一覧表にして配布すると，自分の集

めたものがその一部に入っているので，自分たちで作ったという意識を持つことができる。

(2) ピースメッセージ

東京や京都，大阪などでは，あらゆるところで外国人に出会うようになった。せっかくであればそうした外国人に対して，自分たちの平和へのメッセージを伝えながら，彼らにメッセージを書いてもらおうという取り組みを行った。

今でこそめずらしくないが，当時はほとんどそうした取り組みがなく，かろうじて進学校で取り組んだ例があるだけであった。私の学校は英語をアルファベットから教えるようなところだったので，メッセージを書かせるところから細かい手立てが必要で，実際に出会ったときにどのように話し掛け，終わったらどのように別れるのかまでマニュアルを用意しなければならなかった。

ア．メッセージ作成

平和のメッセージを書きなさいと言っても，英語ではもちろん書けないし，日本語でも突然提示するとほとんど筆が進まない。メッセージを書く中味がないのである。そこで教科通信を作って，そこに広島や長崎のこと，沖縄やアウシュビッツのことを日本語で紹介した。それを読んでから自分の感想や意見を書くように求めるとほとんどの生徒が紙に向かい始める。もちろんそれでも手がつかない生徒には，そばに行って彼らから体験などを引き出しながら書く材料を集めていく。

日本語ができたら，それを英語にしていくが，ほとんどの生徒は英語にする手立てがわからない。そこで教師が自分なりのメッセージを書いて，その中にいくつかキーになる表現を盛り込み，日本文つきで配布する。生徒は教師のメッセージから使える表現を探していくつか埋める。あとは辞書を使って取り組ませるが

「最低でも1文は自分で作ること」と指示して，残りの部分は教師が集めて補うようにする。次の時間に清書させ，教師のメッセージをつけてプリント作成は終わる。

イ．声かけ練習

　次は実際にメッセージをもらう時の練習である。ALTがいればその練習をお願いできるが，もしもいない場合は日本人教師が外国人代わりになって受け答えをする。班でメッセージをもらうことになるので，練習をするときにも班での取り組みとなる。教室での練習が成否のかぎをにぎる。

　班で取り組むための「英会話マニュアル」を作成し，誰がまず口火を切って話し掛け，誰がこちらのメッセージを伝え，誰がメッセージを書いてもらうお願いをし，誰がいっしょに写真を撮ってほしいとたのみ，誰が最後のお礼を言うのかまでを決めさせる。「英会話マニュアル」にはそこまでの模擬会話が作成されており，生徒たちはそのマニュアルを読みながらの演技となる。ここまで細分化すると1人ひとことですむので，彼らの精神的な負担は本当に少なくなり，何とかできそうだという感じが持てるようである。

ウ．いざ本番

　広島や京都では班での行動が組まれ，いよいよメッセージ作戦となる。とにかく最初が重要で，他の生徒が見ているところでどこかの班が書いてもらうと，他の班もいっせいに取り組むという雰囲気をつくることになる。ある年はフェリーに乗っているときに，たまたま私のそばに1人の外国人がいたので，私が自分のピースメッセージを渡して書いてもらうということを実演したことがきっかけとなって，生徒の意欲を大いに高めたということもある。

　せっかくみんなで順番を分担しても，実際の場面では結局話す

ことを得意とする生徒がほとんど全部やってしまうか，はじめに声をかけた生徒がそのまま最後までやらざるを得なくなってしまう，ということになっていく。

　班で2つ集めればよいという約束だったので，早い班は初日で達成し，おもしろくなって指示以上に集めるというところも出てきた。なかなか取り組めない班の中には，最終日になってやっとアタックしたというところもある。最後に東京駅についてから目標を達成したという班もあったが，生徒は結構積極的に取り組んでくれた。外国人が丁寧に対応してくれたことも生徒の積極性を引き出したようだ。

エ．事後の取り組み

　とにかくすべての班が目標を達成し，修学旅行が明けるとどのクラスに行っても生徒が自慢げに提出してくるのがまぶしい。すでに英文を読んで意味がつかめているところは，その内容なども自慢の対象になる。

　はじめてのときは，外国人が書いてくれたメッセージをそのまま印刷して，それを読んでいくという方法をとったが，とにかく手書きの文字が読めなくて，内容を読み取る前に英文を読み取ることに時間がかかりすぎたので，翌年からは手書きの下に活字で読めるように書きこむようにした。もちろん時には文字の読み取りから行うこともある。

　集めたメッセージについてはすべて読み取っていくことを大切にしているので，11月の修学旅行が終わって1月までかかってしまうこともある。教科書もやらなくてはならないので，毎時間授業の一部を使って少しずつ読んでいくこともあった。

　最後はお礼の返事を書かせることで区切りとなる。はじめて取り組んだときは相手の住所などを書く欄がなかったために，手紙を書くことができたのは1つだけであった。事前のメッセージ作

〈ピースメッセージ〉

> There would be peace everywhere if everyone was as nice as these students. Honesty and friendship are all that's necessary.

> We enjoyed talking with you in English. Please visit the United States. We all want peace as much as you do.

成に比べて，このお礼の手紙は生徒にとってとても前向きな活動で，メッセージの中味を受けた心が見えてくる。英語については教師がかなり手伝って完成し，一斉に投函する。1か月もしないうちに相手から手紙が戻ってきて，生徒はそれを私のところに見せに来る。

オ．課題など

「修学旅行ピースメッセージ」と名づけたこの取り組みは，その後大きく発展して，国内に限らず国外でも取り組まれ，修学旅行ではなく，英語の教師が海外に出かけるときに生徒にメッセージを書いてもらって，それを旅行先で渡して交流を広げるというスタイルも生まれている。

また，国内で取り組む際には，外国人は必ずしも英米人だけではないので，まず英語で話して大丈夫かどうかを確認した上で書

いてもらうとか，アジアの人にも書いてもらうために，あらかじめ英語だけでなくてよい，ということをメッセージに書きこむことも配慮するようになってきた。また英語以外で書いてもらったメッセージを教師のネットワークで読み取ったということもある。英語の教師と言いながら，もともとの専門はドイツ語であったりフランス語であったり，中国語であったりということもあって，特殊な場合を除けば何とかなってきた。

　教師の中には，いきなり声をかけられてメッセージを書かされるのは外国人にとって，不愉快なことではないかという人もいた。しかし実際に書いてくれているメッセージには，むしろ逆に話しかけられたことに感謝しているという旨のものが多かった。

　お礼の手紙を書かせるときには教科担任の名前と連絡先を書いておくことになるが，それに対して手紙を送ってきてくれる人もいる。オーストラリアの人で，それ以来文通を続けている人が2人もいる。生徒だけでなく，教師自身も交流を広げる機会になるのではないかという思いがある。

5-3　海外との交流をすすめる

5.3.1　海外との交流の意味

　最近ではテレビやインターネットを通じて，海外の映像や情報が簡単に手に入るようになっているが，それでも直接相手との交流を進めるとなれば簡単にできるような状況に至ってはいない。それなりの準備と手立てが必要である。

　しかし生徒（とりわけ英語が苦手な生徒）にとっては，自分の英語が相手に伝わるという体験は大きな意味を持っている。ほとんど英語を話さず「いっしょに写真をとってほしい」と身振り手振りでお願いして1枚の写真を手に入れた生徒は，自分の英語が通

じたという気持ちを持って卒業し，その後英語をやらざるを得なくなったときに「通じた」という体験がとても役に立ったと報告している。

交流を進める場合，基本となるのは英語を書くということであるが，英語が苦手な生徒にどのようにして英語を書かせるかという手立てもポイントになるであろう。

5.3.2 海外の高校生との交流体験
(1) スウェーデンの高校生と

日本で開かれた英語の会議に，スウェーデンの先生が参加した。そこで私の名刺を渡して，英語の先生で交流できる人を探してほしいとお願いしたら，地元の新聞に「日本の英語教師の願い」として紹介してくれた。さっそく数人から手紙が届き，3人ほどと文通をはじめた。そして授業の交流を行うことになり，それぞれが生徒に自己紹介や街の紹介を書かせることになった。はじめに相手側が生徒に書かせたものを送ってきた。1人1人の写真つきプロフィールと，学校や街の紹介が写真などによってわかりやすく行われていた。

さっそく生徒に紹介したが，届いた手紙は15通ほどで，こちらの48人にはまったく足りなかった。1クラスの人数があまりにも違うことを認識せざるを得なかった。2人〜3人のグループを作ってから，そのグループで相手の手紙を読み取り，国や街の説明は授業の中で全体で読むことにした。首都のストックホルムの郊外で自然に恵まれている様子がうかがえた。

意味をつかんだペアやグループには，さっそく返事を出す準備をさせた。グループとして1人に手紙を書いてもいいし，3通送って友達に紹介してもらってもよいことにした。半数はグループで送っている。

≪生徒の書いた手紙1≫

Dear friends
　　Everyone says that our country is rich. But price is high and our life isn't rich.
　　By the way,
Atomic bombs were dropped in Japan for the first time in the world. Even now many people in Hiroshima and Nagasaki are suffering. There are tens of thousands of nuclear weapons in the world. Tragedies of Hiroshima and Nagasaki will happen again if the things go same.
　　So let's take nuclear weapons away from the earth by cooperating one another.
　　Sincerely Yours　　　Kikuchi, Ogawa, Kimura

≪生徒の書いた手紙2≫

　　We are Mr.Sakaguchi and Mr.Tanahashi. We introduce class 1-1. It consists of 48 boys. We are boys only and wish there were girls in our school. We usually have an early lunch before noon. We like to read the comic books and to play baseball .....
　　How about your hobby?
　　We don't like studying but like playing. The characteristics of our class are following.
1. We are optimistic.
2. We study hard only before the examinations.
　Some students don't study even before them.
3. We have a good appetite.
4. We all are much interested in girls.
5. But we are healthy and cheerful.
　　We are looking forward to your reply.

日本の紹介をいくつか分担し，都道府県，市町村についても調べさせ，英文の準備をさせた。相手が書いてきた英文をそのまま使って書いている生徒も多い。

　個人やグループの手紙と説明の部分が出揃ったところで，スウェーデンに向けてまとめて送った。その後向こうからは個人的に手紙が届き，交流がはじまった。残念ながら英語で書かれた手紙が読めない生徒もいて，届くたびに「訳して」という要望があった。教師自身が訳すことはせず，休み時間や放課後に呼んで，辞書の引き方から教えていく。2通目からは自分で辞書を引きながらやっていたようである。ただし数人はせっかく送っても返事がこない場合もあり，そのときの対応も考えておかなければならない。

　このときは，同時にカナダにも手紙を送ったが，生徒にとってアメリカやオーストラリアではなくスウェーデンであったことも，積極的に手紙を書いた理由の1つになっている。

(2)　フランスの高校生と

　フランスには，20年前から文通を行っている英語の先生が2人いる。そのうちの1人は高校に勤務しているので，2人で相談して生徒たちの交流を進めようということになった。

　ちょうど核兵器の問題がヨーロッパでも話題になっていたので，できれば平和をテーマにして交流できないかと考えた。しかし年度末でもあり，1人1人書かせる時間がとれなかったので，クラスの数人に相手への手紙を書いてもらい，それを授業で英語に直すことにした。あとの生徒は自分の名前をサインするだけにした。

　6月に入って相手から手紙が届いたので，授業中に読んだ。

　手紙の最後には生徒1人1人の署名があり，確かにほかの生徒もこれを確認して送ってきていることがわかる。フランスの授業

> Dear friends,
>
> We are students at Saint Gabriel's school at Bagneux in the suburbs of Paris. Most of us are fourteen or fifteen years old. We have been studying English for three or four years.
>
> In France, around us, the young like going to the cinema, listening to music, dancing. How about the young behave in Japan?
>
> Do you know it's the anniversary of the Universal Declaration of Human Rights in the world? This week we have read it in class. We have learnt that all the young, like you and us, are concerned, not only the grown-ups. So we think that all the young of this time must give each other a helping hand to prepare the future. We think that the main role of the young in every country is to create peace around themselves.
>
> We have been asked to write about peace and freedom. We know your country has suffered from the A bomb during the last world war. We think there are still too many wars in the world. In fact they don't do anything except kill people. What are in Japan the principal actions about peace?
>
> This is a message from fifty French students to Japanese students.
>
> Friendly yours.

で「世界人権宣言」を読むということにも驚いたが、日本の生徒が「宣言」そのものも「それって何?」という反応を示したことには、日頃の人権教育の違いを見せつけられた思いである。

　日本でも「子どもの権利条約」が批准され、本来ならばもっと積極的に知らされなければならないのだが、学校の中でさえ知らされていないことが多い。これはフランスとは明らかに違う。そ

んなことも授業で英文を読みながら生徒に問いかけた。

5.3.3　これからの交流

　私は7年前からベトナムのフエというところにある保育園と幼稚園におもちゃや文房具を送ってきたが，その関係で現地の中学校や高校との交流もできるようになってきた。2年前は大学で高校の英語の教師を目指す学生を対象に授業をさせてもらう機会を得て，直接的な交流も芽生えつつある。

　ヨーロッパを中心とした欧米とちがって，アジアやアフリカ，ラテンアメリカなどとの交流は，教育条件，経済条件などを十分に考慮しなければならない。こちらから手紙を送ることはできても，向こうから手紙を送るのは大変な負担になるかもしれないということも考える必要がある。

　そうした条件を丁寧にクリアしながらもっと身近なところでの交流を進めていきたい。交流先については，姉妹県や州を持っているところは県の窓口に，姉妹都市を持っている市町村は市町村の窓口に問い合わせればよいであろう。自治体の国際交流協会に行ってもある程度は紹介してもらえる。また，各国の大使館などに問い合わせることも1つの手である。大使館の住所は外務省に問い合わせれば教えてくれる。社団法人日本ユネスコ協会連盟に問い合わせれば，ユネスコを通じた紹介も可能であろう。相手国の市町村の教育委員会あてに紹介を依頼するという，大胆な方法も考えられる。ALTを通じて相手校を探すというのは結構行われているケースであろう。

　また一方で，今までのような手紙ではなく，インターネットやパソコン通信を活用した交流も広がりつつある。こうした方法は，手紙で送るよりも費用をかけないで送れるというメリットがある。もちろん相手側の発信設備やその他の条件が整っていることが前

提であるが。

　私立高校において修学旅行で海外に出かけていくのが普通になり，公立高校でもその動きがはじまっている今日，直接の交流もこれからますます広がるであろう。姉妹都市，姉妹校などの提携を結んでいるところも増えているので，海外との交流は，やろうと思えばいくらでも可能となっている。ただしポイントは何を交流するかである。

　ハードの進歩によって，海外との交流はますます大きな可能性を広げているが，これからは学校行事や地域などの取り組みと関連させた具体的な交流の中身（ソフトの部分）を考えていくことが求められるのではないか。

4 生徒と創る英語の授業

1 生徒の声に学ぶとは

　「授業」という言葉は「学問やワザを授ける」という意味であり，日本語そのものが「教師が与える」というイメージを持っている。しかし授業とは本来，教師と生徒がいっしょになって学びの場を形成していくことである。教師が知識の切り売りをするだけでは「学び」にはたどり着かないであろう。

　授業とは，教師と生徒あるいは生徒と生徒が，お互いに自分の知識と体験に基づいて真理を追究する場であるべきであるが，現実には教師の言うこと，教師の考えることは真理であり，生徒はそれを教えてもらうものということになっている。

　そして「『学び』からの逃走」という言葉が使われるようになったが，生活体験の場を奪われた生徒たちにとって，じっと教室に座っていることがどれだけ大変なことか，多くの大人たちにはわかってもらえないようである。

　そんな生徒たちであるが，実際の授業を進めるにあたって，1人1人が常に自分なりの意見を持っているということもまた事実である。教師の話し方，説明の仕方，教材の選び方，指名の仕方など，挙げればきりがない。「授業」を教師が与えるものと考えている場合，そうした声を聞くこともなく1年が過ぎていってし

まう。大変残念なことであり，「授業」の醍醐味を手に入れるかぎを捨てていると言わざるを得ない。

2　生徒の授業への声を聞く

　教師になった当初は，生徒に弱みを見せてはいけないと思い込み，生徒に意見を求めるゆとりも持てず，ただひたすらに準備したことにしたがって授業を進めた。ところが授業というものは自分の考えた通りにはいかないので，結局あちこちで立ち往生してしまう。最初の年に班学習に取り組んでみたものの，思うようにいかず途中でやめてしまったのもそんな経験の1つである。どこかでそのギャップを埋めなければならなかった。

　あるとき研究会に参加して，生徒の感想を書いてもらってそれを授業の改善に向けているという報告を聞いて，自分も生徒が授業に対してどんなことを感じているのか聞いてみたくなった。多くの批判が出てくるのではないかと心配だったが，私が一生懸命やっていることについては，例えやり方が下手であっても「一生懸命さ」は認めてくれていた。例えば英語の歌を授業に取り入れたことについては，古い歌ばかりだったので，「歌はいいけどもっと新しい歌をやってほしい」という感想が書かれている。そこでどんな歌がよいかと聞いていくと彼らの知っている歌が登場する。「英語の歌で授業をどう豊かにするか」（第3章3-1 (p.76)）でも触れたように，私自身は個人として歌を日常的に聞くことはなかったが，生徒の推薦を生かして高校での25年間ずっと授業の中で歌を取り上げ続けることができたし，たくさんのよい歌にも出会うことができた。

　以下，最新の年度末授業アンケートの結果を見ていただきたい。

1．英語の歌について
(1) 授業で英語の歌を取り上げてきましたが，その点についてどう思いますか。

	（4組）	（5組）	（6組）
a．やってよかった	28	33	23
b．やらないほうがよかった	0	0	0
c．どちらともいえない	6	0	2

(2) 授業ではやらなかったけれども，こんな歌をやってほしかったというのがあったら紹介してください。(略)
(3) 授業で歌をやった感想を書いてください。(略)

2．英字新聞の見出しについて
(1) 英語の見出しを読むことについてどう思いますか。

a．やってよかった	22	20	20
b．やらないほうがよかった	1	0	1
c．どちらとも言えない	12	13	4

(2) その理由は何ですか。(略)
(3) 見出しを読むことで何か参考になることはありましたか。

a．大変あった	10	5	6
b．少しはあった	16	21	15
c．あまりなかった	7	6	3
d．まったくない	2	1	1

(4) どんな見出しが印象に残っていますか。(略)
(5) これからも続けるとしたらどんな点に気をつけたらいいですか。(略)

3．映画を使うことについて
(1) ガンジーの「ひとつまみの塩」では映画を見ましたが，そういう授業についてどう思いますか。

a．とてもよかった	18	23	12
b．普通の授業よりはよい	11	6	11
c．あまりよくない	1	1	0

d．英語の授業には不適切	2	0	0
e．その他	1	0	0

(2) 授業で使ってほしかった映画がありましたら書いて下さい。
(略)

4．授業の進め方について

(1) 授業での説明はどうでしたか。

a．わかりやすかった	23	25	18
b．わかりにくかった	1	2	0
c．どちらとも言えない	10	6	6

(2) その理由は何ですか。(略)

(3) 授業の進み方はどうでしたか。

a．早すぎた	8	5	5
b．ちょうどよかった	23	25	18
c．ゆっくりすぎた	2	1	1

5．授業全体について

(1) 授業全体についてどう思いますか。

a．今のままでよい	29	28	17
b．少し変えたほうがよい	5	5	5
c．大幅に変えた方がよい	0	1	1

(2) その理由は何ですか。(略)
(3) その他授業全体についての感想や要望などがありましたら書いて下さい。(略)

3　生徒の悩みに答える——授業ノートの取り組みから

　毎年4月に，各クラスごとに「授業ノート」を作成し，そのノートの表紙裏に生徒の名票と「授業ノートとは」(次ページ参照)を貼っておく。授業のたびに1人ずつ書くようにすると，1年間で2回り程度になる。男子校ではなかなか書くという習慣が

> ### 授業ノートとは
>
> 　今年も授業ノートをつくりました。授業でやったことやその感想，授業中疑問に思ったこと，英語の勉強や受験についての疑問，授業でやってほしいこと，推薦する歌など，とにかく何でもいいですから書いて下さい。1人1頁を自由に使ってください。この授業ノートは次のような手順ですすめていきます。
> ① 教科担任（瀧口）より出席番号の最初（もしくは最後）の人へ授業中に渡す。
> ② 渡された人はその日のうちか，もしくは翌朝までに英語科準備室の瀧口のところまで記入して提出。
> ③ 次の授業のときにコメントを書いてその人に返します。
> ④ コメントを読んだら（必要があればもう一度書いてもいいですが）次の人に渡します。
> ⑤ 渡された人は②の要領で書いて提出するということになります。
> ＊ 次の授業までノートを持ったままでいないようにしてください（次の授業分も書くことになります）。

つかなかったが，共学校では女子がたくさん書いてくれるので，名票が男女の順になっているところでは，後ろ（つまり女子の最後）からスタートするようにした。はじめの生徒がたくさん書くとあとの生徒もみんな書くようになるからである。

　教師との直接の交流は，英語が苦手な生徒にとっては教師との距離を縮めるきっかけともなる。授業ノートには英語に直接関係のないことも書かれているが，どんなことでもコメントを書くようにして生徒とのコミュニケーションを図ってきた。他の生徒も読むことになるので，結果としては教室内の人間関係を豊かにするものとなっている。

──授業ノートより──

> 6／7（月）
> 勉強ははっきり言って①好きではありません。英語は1年生の時赤点でした。自分の努力不足だとはわかっています。これからはできるだけ授業を楽しくすすめてほしいです。②授業の最初に音楽をかけるのは必ずやってほしいです。いろんな歌を聞きましたが，中でも③Only Yesterdayの曲が一番よかった。これからも良い曲をお願いします。
>
> （教科担任のコメント）
> ①　たとえ英語ができなくても「好き」であってほしいですね。私も中学時代に一度英語ができなくなって，それが今でも苦手意識につながっています。ただ高校時代に「歌」を覚えてから「好き」になることができ，結局英語の教師になってしまいました。とにかく「好き」になってほしいですね。
> ②　授業で歌を流しても，つまらなそうな顔をしているとついやめたくなってしまうのですが，心の中は違っている，ということもわかってきました。できれば声に出して歌ってほしいですね。今覚えた歌は一生忘れませんから。
> ③　どこが良かったのでしょう，教えてください。

4　生徒が「参加」する授業をめざして

4-1　授業における「参加」とは

　教室に存在することそのものが参加であるという考え方もあるが，私は「授業への参加」という場合には，授業の中で生徒が①

考えること，②動くこと，そして③表現する（主張する）ことが「参加」の持つ意味ではないかと考えている。

外国語としての英語の授業は，時としてスキルを身につけることのみが目的化され，英語の練習を繰り返すというパターンに陥ってしまう。また，教室の中でゲーム的に飛び回れば「動く」ことになるかもしれないが，「考え」たり「主張」したりすることにはならない。

外国語教育の分野には，まずはその外国語の知識やスキルを身につけて，それをもとにして社会の問題を考えていこうという流れもある。しかし生徒は社会の問題と結びつけてこそ英語を学習する意味を見出すことができるので，知識やスキルを身につけることにこそ内容が伴わなければならない。もちろん社会の問題を考えることさえ不要で，英会話ができればよいという指導もあるが，あまりにも不毛な学習であろう。

4-2 「参加」をめざした授業

4.2.1 私の得意な文法づくり

最近では高校でも文法の時間を確保することが困難になりつつある。ということは，さまざまな英語に出会いながら文法を学んでいくスタイルをとらざるを得ない。

そこで実施したのが，クラス全員に自分の専門とする文法の分野を持たせるという方法である。30年近く前に「100頁ノート」という実践（詳しくは『新英語教育講座』9巻「100ページノートを携えて」河田勲（三友社））があったが，そのアイディアを参考に4月当初に1人が1つの項目に責任を持つことにした。40項目前後に絞って，一覧表を作り，担当者の名前を記入する欄を作っておく。最初の授業で希望をとり，全員が必ずどこかの2項

目に入るように振り分ける。

　授業では，教科書の各課やプリント教材などで，関係する文法項目が出てきたときには，担当者から説明を行ってもらう。しどろもどろで答えたり，ときにはわかりませんと答える生徒もいるが，次回の課題として処理する。説明を繰り返していくうちに，何となく自分がその項目については一番知らなければならないという意識が芽生えてくる。

4.2.2　相互評価を英語の授業で

　英語が苦手な生徒，つまり勉強が苦手な生徒は，多くの場合小さい頃からあまり評価された経験がない。特に学校の中では，常に成績のよい生徒が評価されるので，ほめ言葉さえ忘れていると思われる場合がある。

　定時制においては生徒が仕事を持っていることが前提となっているため，その日の仕事によって授業に出られない生徒もいるので，日常的に出席する生徒の数がやや少なくなる。そのことで逆に丁寧な指導が可能となる。そこで1人1人のよいところをお互いに出しあうという実践に取り組んだ。

　はじめに日本語で人をほめる言葉を書かせた。ところがほめられた経験の少ない生徒たちには，その日本語さえ浮かんでこない。やっと「やさしい」「元気だ」「明るい」などが出され，それを参考に今度は英語で書いていく。次の授業でその「ほめる言葉」の一覧を「You are ＿＿＿」として配布する。

　次に別の用紙を配布し，一番上に自分の名前を書かせる。そしてそれを隣に渡して，自分に対する評価を英語で下から書いてもらう。書いた人はその部分を隠して別の人に渡す。これは前の人の評価の影響を受けないようにするためである。そして次々と書きこんで本人にもどるまで続ける。

全員の手元に戻ったところでいっせいに用紙を開かせ，自分に対する評価がどのようになっているのかを確認させる。そして確認できたらみんなの前で英語で読み上げる。一覧表の英文にはカナをふってあるので，記入するときにはそのカナもいっしょに書きこませることができる。最後に自分に対する評価の感想を本人から言ってもらうが期せずしてみんなから拍手がおこる。お互いにいいところはわかっているということが伝わり，人間関係が深まる。

5 生徒が創る英語の授業をめざして

5-1 生徒が創る授業とは

　教科の授業において「生徒がつくる」ということはなかなかむずかしいが，どんな教材を使うのか，どんな授業をするのか，どんな評価をするのか，などについてせめて生徒の意見を取り入れるゆとりがほしい。そのことが生徒の授業への積極的な参加にもつながるからである。また，生徒の希望にそって生徒自身が教壇に立つこともその一歩につながるのではないかと思う。

　教師は自分の授業法，教材，評価法を持ちつつ，生徒の声を聞くことによって，より創造的な授業を行うきっかけとする。ただしほかの教師の実践から常に学ぶ（真似る）という姿勢がないと生徒の要求に振り回されることになりかねない。

　定期テストごとに授業の感想や要望を書いてもらうコーナーを作り，答案返却のときはそこだけ切り取って手元に残しておくようにする。生徒には手間をかけることになるが，誰が書いたかわかるように解答用紙に名前を2箇所書いてもらうことも一案であ

る。突然書くように指示すると，テストを意識して通り一遍のことしか書かないので「私の授業に対して意見や批判，要望がある人は，授業に積極的に参加したという証拠だから高く評価します」とあらかじめ伝えておけば，かなり具体的な授業の進め方についての意見を書いてくれる。意見や批判を出すことが大切なことを理解してもらいたいと思う。

5-2 班の中で生徒同士が学び合う

　生徒に「自分たちが授業を創っている」という実感を持ってもらうために班での取り組みを利用するのも有効である。

　「The Postman of Nagasaki」という教材が教科書に出てきた。長崎での原爆をテーマにしたもので，内容的には深いものがある。この教材を班で取り組ませることにした。

　まず，クラスを6つの班に分けて，本文を分担させる。班ごとに担当部分のプリントを作成し，各班が教壇の上で説明することになる。

　班内では班長の他に，プリント作成係，単語の説明係，内容・意味の説明係，文法の説明係，質問係（質問を他の班にしたり他の班の質問を受けたりする），モデル・リーディング係などを決めて発表させる。各班からは必ず1つの質問が出されるので，担当者がそれに答える。「次回に答えます」という答えでもよいことにする。各班から出される質問は英語が苦手であればあるほど内容にかかわるものになり，鋭いものになる。ある程度英語ができる生徒がいると，文法的な質問になってしまうことが多く，深まらないことが多い。

　生徒の感想には，前に出て発表することの大変さと同時に，自分たちが調べたり答えたりしたという充実感がある。なお，発表

を聞いている生徒には発表の様子を評価して提出させる。教師の評価とあわせて班への評価とすることもできる。

5-3　新たな模索

　インターネットの発達で，地球の裏側の情報が，瞬時にして手に入るようになった。国連は2001年から2010年を「世界の子どもたちのための平和と非暴力の文化国際10年」と決議し，ユネスコはその取り組みとして「わたしの平和宣言」を全世界から集めた。「Respect all life（私は全ての命を尊敬します）」「Reject violence（私は暴力を拒否します／使いません／許しません／なくします）」「Share with others（私はみんなと分かち合います）」「Listen to understand（私はわかるまで耳を傾けます）」「Preserve the planet（私は地球環境を守ります）」「Rediscover solidarity（私は連帯を再発見します／再構築します）」の6つの宣言は誰にでも理解できるもので，生徒とともに読みあうことができたし，多くの生徒の署名を集めてパリのユネスコ本部に送ることもできた。

　こうした宣言を英語で読んで署名を世界に発信することのほかにも，カナダのユニセフが出しているワークショップの英文を読むことなどもできるであろう。また，英語が苦手でも彼らが関心を持っているものを提示したりすることでまた1歩彼らとの距離を縮めることもできるであろう。さらには，彼らにそういった材料を探してもらえば，結構よいものが集まってくるのではないかと思う。

5 英語教育の未来形
——「あとがき」にかえて

1 英語っていったい何を教えるのか

　第1章（p.7）で「外国語教育の目的」に触れたが，やや抽象的であり，この目的だけで日々の授業をどのように組み立てるのかを考えるのには無理がある。そこで「英語の学力」について考えてみたい。

　もし英語教育の目的が「英語を話す」ということであれば，それにあわせた内容が組まれるであろうが，「ユネスコ勧告」のように「生徒の心と性格を訓練するのに役立ち，国際理解の向上と民族間の平和で友好的な協力の確立に貢献すべきである」という立場を採るならば，人間が生きていく上で大切なものを学んでいくことが求められる。それは必然的に教材の内容や授業方法を規定する。

　英語の学力については，故伴和夫氏がその著書『英語教育の理論』（三友社）の中で「①考えるための学力，②生きるための学力，③闘うための学力」を挙げているが，これは1965年に書かれたものである。学力を単なる知識の総量としてとらえるのではなく，人間が生きるという包括的な視野の中で考えるという点で大変先駆的な提起であったと言える。しかもユネスコ勧告とほぼ同じ時期に出されたということは不思議でさえある。

しかしこの「英語の基礎学力」も目的と同じく抽象的で，高校では「①英字新聞の社説を字引を引かずに直読直解し，大意をつかみ得る能力，②ラジオやテレビの英語ニュースの話の筋を音声で理解し得る能力，③身辺の生活につき，英文日記に表現し，日常会話をなし得る能力」をかかげている。英語が苦手な高校生にとってはあまりにも高いハードルになってしまうし，「考えるため」「生きるため」「闘うため」の学力とどのように結びつけていくのかという，教科の内容にかかわる疑問も出てくる。

　そこで「英語教育における教科内容」に触れてみたい。長谷川清氏が『英語教育で何を教えるのか』（高文研）という著者の中でまとめているので，それを参考にまとめてみた。

---

(1) **文化価値を身につける**
A　知識・感覚として身につけるもの
　a．人間をとりまくあるべき自然環境の在り方を理解する
　　＊大気汚染，水質汚染等から逃れて，森林資源や海洋資源の保護
　　＊動物や植物を含めた自然との共存
　　＊生物の進化についての理解等
　b．人間をとりまくあるべき社会環境の在り方を理解する
　　＊あらゆる生命を尊重する
　　＊あらゆる争いを非暴力で解決する道をさがす
　　＊ジェンダーや人種問題を踏まえて人間の生きる権利を尊重する
　　＊あらゆる人間が平等で，物事は民主主義的にすすめられる
　　＊お互いに分かち合って共生していく可能性がある
　　＊人間に対する愛情を持って相手がわかるまで耳を傾ける
　　＊人間生活の基本である労働と生活を大切にする
　　＊人間同士のつながりを深め，国際連帯をすすめる

＊参加と協同に基づく豊かな人間社会を築く
　　　＊自分に対する誇りや自己尊重の精神を高める
　　　＊人間の持つ文化を大切にする
　　　c．ことばやコミュニケーションの重要性を理解する
　　　＊日本語の美しさ・豊かさを認識する
　　　＊英語の美しさ・豊かさを認識する
　　B　学習技能として身につけるもの
　　　a．主体的に理解する力を身につける
　　　b．批判的に認識できる力を身につける
　　　c．創造的な学習をすすめる力を身につける
　　　d．協同と連帯を行う力を身につける
　　　e．自分を正当に評価する力を身につける
（2）**機構と発想を身につける**
　　A　発音・フォニックスを学ぶ
　　　a．ローマ字とアルファベット　　b．発音記号と音声
　　B　語彙・イディオムを学ぶ
　　　a．単語の基礎と発展　　　　　　b．イディオムの基礎と発展
　　C　文法・文体
　　　a．文法の基礎（中学程度）と発展（高校）
　　　b．英語の文体・日本語の文体
（3）**自己表現への意欲と力をつける**
　　A　読む力を通して（精読と多読）
　　B　聞く力を通して（生活，意見，ニュース等）
　　C　書く力を通して（生活，手紙，論文等）
　　D　話す力を通して（暗誦，スピーチ，ディスカッション等）

　外国語教育の目的をふまえて，英語科ではいったい何を教えたらよいのかについて書かれたものは見当たらない。特に高校は学校によってあまりにも違いがあり，教材や言語材料についての統

一した基準を示すことはむずかしい。各学校ごとに生徒の力にあわせて教材や教授法を選択せざるを得ないが，上記の教科内容については，どのレベルの学校でも基本としておさえなければならないのではないだろうか。

2 外国語必修か英語必修か

2-1 日本における外国語必修の背景

ユネスコは1965年に「外国語の必修」を各国文部省あてに勧告している。しかし，その実施を21世紀まで引きずってしまったことは，いかに日本の行政が外国語教育に無関心であったのかを示している。というよりも無視してきたというほうが正しいのかもしれない。また，1965年といえば日本から海外に出かけていく人数が年間で15万人前後であり，21世紀を迎えて2,000万人を越えようとしている状況を見れば，見通しの面でも甘かったと言わざるを得ない。

しかし，ここにきてようやく中学校の外国語の必修にこぎつけることができた。その背景にはいくつかの点があるが，まずは情報が入手しやすくなったことが挙げられるであろう。

国連やユネスコで採択された文書は，文部省（現文部科学省）や外務省に届くことになっているが，それはほとんどの国民には開示されない。したがってどのような文書が出されたのかも知らされずに数年が過ぎてしまうというケースがほとんどである。それがインターネットの発達によって，出されると同時に誰でも手に入るようになってきたという経緯がある。

また日本外国語教育改善協議会（旧日本英語教育改善懇談会）が

1972年にアピールを出して以来,外国語の必修化を求めてきたこと,教員組合が教育課程検討委員会として必修化を提言してきたこともある。

最大の理由は産業界からの要請であろう。1970年代から財界は,教育に関するさまざまな提言を行い,その中で英語教育についてたびたび触れている。80年代後半の臨時教育審議会（臨教審）では英会話を中心とした教育課程を要求している。

2-2 外国語＝英語の時代錯誤

やっと30年以上前のスタートラインについたところで,いきなりフライングの英語必修にしてしまったというのが実際のところではないか。それこそ30年前ならまだ理解できなくはないが,アジアを含めた多様な地域との交流や連帯を考えれば,まったく違った選択肢があるのではないだろうか。

中国の人々は,日本人が英語を使って物を売りに来ることを望んでいるのであろうか。ベトナムの人も日本人が英語を使って物を売りに来ることを望んでいるのであろうか。中国で物を売るならば中国語であろうし,ベトナムならばベトナム語で話すほうが,どれだけ親近感を持つかわからない。そう考えれば産業界こそ多様な言語を求めなければならないはずであろう。それを英語だけ求めるようでは,日本の大企業も先見性に欠けていると思うのは私だけだろうか。

生徒たちも多様な外国語を学ぶことによって,それぞれの得意分野ができ,英語だけで判断されないゆとりが持てる。差別意識も持たずにお互いに学んでいる言語を尊重するという点からも,「外国語＝英語」は大きな間違いであろう。

すでに保育園では外国語を話す親が増えており,英語ではない

外国語の必要性も出てきている。早期に多様な外国語の方向に進んでいかなければならない。

3　クラスサイズと教育条件

3-1　外国語学習における教育条件とは

　外国語教育における教育条件には，まずクラスサイズの問題，実施時数の問題，教材や機器の問題，そして研修や予算の問題などがある。いずれも重要な条件であり，どれをとっても欠かすことのできないものである。さらに教員としての勤務条件も「教育条件」として掲げなければならないのではないだろうか。

3-2　外国語学習におけるクラスサイズ

　外国語教育における教育条件を考えるときに，まず考えなければならないのは「語学」という特徴である。教育目的には人間形成などがあげられているが，実際の授業では「語学」として可能な限り音声化しなければ効果は望めない。

　海外の大学での語学研修などでは1クラスの人数は多くても14人から15人であり，10人前後で実施している例が多い。またいくつかの先進国では，学級そのものが15人以下になっているという状況もある。

　クラスの人数が少なくなると集団としてのエネルギーが発揮されないというような理由で，40人学級を変えようとしない政府の姿勢からは，15人以下の発想は出てこないのであろうが，本当に外国語を生かすのであれば15人以下は当然の措置である。

3-3 実施時数

新しい指導要領において中学校英語の週実施時数が3時間に減ることになった。1980年代のはじめに一度週3時間になって，生徒の英語力が大きく低下したという経験から，次の指導要領で4時間が復活したという歴史はもう忘れられてしまったようである。

もっとも文部科学省の担当者は「選択の時間を使えば4時間でも5時間でも可能」と言っているのでできるのかもしれないが，中学校の現場にはその指示は降りてこないし，全員が4時間やるという前提ではない。

語学は入門期にこそ連続して行うことが重要であり，そう言う意味で中学校の1年が最低でも4時間になることが求められる。できれば毎日（つまり週に5時間）欲しいところである。

高校はそれぞれの学校の特徴によって実施時数が異なっており，多いところでは公立でも週に10時間以上も英語の授業がある一方で，少ないところでは1時間もないというところもある。

3-4 教材や機器

現在の日本のシステムでは検定教科書を使うことが前提となっていて，その他の教材についてはなかなか手が回らない。特に英語が苦手な生徒は，教科書さえこなせないという状況がある。しかし，教師が生徒の状況に合わせて教材を選んだり作ったりしながら授業を進めることが今だからこそ求められている。コンピュータの発達によって，希望すればすぐに使える教材をストックしておく教材センターのようなものは，昔に比べてはるかに作りやすくなった。要はそれを運営していく体制であろう。

また機器の発達もめざましいものがあって，本格的に取り組め

ば生徒たちを引きつける教材や教具を作ることができる。映像文化に育った生徒たちだからこそ機器の果たす役割も大きい。

3-5　研修と財政

　急速な機器の発達に伴って便利になる一方でそれらを自由に活用するための研修が必要になってくる。また語学の教師は海外研修も重視されなければならない。現在はALTが数多く来ているが，それ以上に日本人外国語教師を海外の研修に送り出す必要がある。その成果は10年，20年と生きていくであろう。

　コンピュータをはじめとした機器や語学の研修などについて，現段階では個人的に財政負担しているケースが多い。行政からの財政支出を増やして，もっと豊かな授業や研修が行われることが望まれる。

　またさまざまな民間教育研究団体があり，それらが主催する研究会や大会に参加すること，教職員組合などが主催する教育研究集会に参加すること，あるいはそうした場で自分の授業について発表することは，授業の実践力を高めるために非常にプラスになる。それがあったからこそ私自身も創造的な授業を発展させることができた。さまざまな研究会に自由に参加できる時間的なゆとり，経済的な援助なども望むところである。

　最近では校長の承認する研究会以外は，研修として認めず，参加させない学校もあるという。あるいは長期休業中に自宅での研修を認めない学校もあるという。多くの教師が自腹で本や教材を買い込み，自宅で教材づくりや研修を行っているからこそ，創造的な授業を行って，生徒に英語を学ぶ楽しさや喜びを伝えているのである。そういう努力を認めないのは教育の論理になじまない。そんなことで豊かな授業ができるはずがない。

4　小学校の英会話

　総合的な学習の時間という枠の中で小学校に「英会話」が導入されることになった。すべての学校でというわけではないが，本格実施を前にした2001年度でさえほぼ30％を超える小学校で「英語」を実施している（埼玉県）。指導要領の趣旨からすれば，本来は「国際理解に関する学習の一環としての外国語会話等を行うときは」という前提であり，いきなり「英会話」ではないはずである。そしてさまざまな外国語やその文化に触れることは，生徒たちの発達にとってむしろ不可欠なものである。

　ところが小学校の社会科（3年～6年）の指導要領には，その目標に「国際理解」という言葉さえ登場しないという問題がある。唯一6年生の目標の中に「わが国と関係の深い国の生活」を「理解」するとあるが，「内容」では一切触れられていないので，事実上日本国内にしか目が向いていないことになる。本当に「国際理解」を目指すのであれば，こうした矛盾があってはならないのではないか。

　小学校における外国語についてはさまざまな論議が行われているが，現在までのところでは次のような整理が可能ではないか。

　まず第1に，少々外国語をやったからといって，日本の中で生活している以上は母語である日本語が混乱するということはない。第2に，音声としての外国語は，学習年齢が早いほうがよりネイティブに近い発音を身につけることが可能である（それが良いかどうかは別の問題）。第3に，小学校で学んだ程度では，外国語（会話）が身につくことはない。むしろ早くから外国語嫌いを生み出すことになる。第4に，外国語以前の問題としてもっと母語教育をしっかりとすべきである。第5に，クラスサイズ縮小をはじめとした教育条件の整備こそ急務である。

実際に今小学校で行われている「英会話」は、中学校や高校に導入されている英語指導助手（ALT）が小学校に行って、ゲームや歌をやって楽しく時間を過ごすという程度である。というよりもそれ以上のことを全国的なレベルで実施することは、教員養成や予算上の問題などがあって無理である。したがって現在の中学校で行われていることが、そのまま小学校に下ろされているとも言える。

　国際理解を本当に考え、今の教育条件でできることは、いろいろな国の歌を聞いたり、原語で歌えるようになったりする程度ではないか。いたずらに会話などを過度に持ちこめば、早くから外国語嫌いをつくるだけである。そしてすでにその心配は現実のものとなりつつある。

　将来的に教育条件が十分整備されて、1人1人に行き届いた教育が行えるようになったら、世界中には何千という言語があり、日々それが使われているということを知って、母語である日本語の素晴らしさを認識するためにこそ、外国語教育を実施すべきであると思う。

　小学校から外国語を学んでいる国は、世界的に見ると少なくはないが、それらの国をみると、多くの場合周りが他の言語に囲まれていて、複数の外国語を必修とせざるを得ない状況がある。外国語の必修が1つの場合は、早くても10歳前後、日本と同じように中等教育から外国語を学びはじめるという国も少なくはない。それが世界の趨勢でもある。日本のように周りを海に囲まれて、隣の国との距離がある場合は、それほどあわてて外国語をやる必要もないと思う。やるのであれば、十分に条件を整えて、すべての子どもたちが外国語を学ぶ喜びを味わうことができるようにすべきであろう。

5 コミュニケーションとは

1990年代から「コミュニケーション」という言葉が頻繁に使われるようになったが，その言葉の持つ意味については，必ずしもコンセンサスがあるわけではない。新しい指導要領で「実践的コミュニケーション」が強調されるに至って，コミュニケーションに「実践的」と「非実践的」があるかのような混乱が生じている。そして「実践的」の中味が「買物」や「電話」ということになると，なおさらわけのわからないことになる。

コミュニケーション本来の意味と，25年間の高校での実践を踏まえてコミュニケーションの中味を定義すると，次のようになるのではないか。

5-1 お互いに主張する中味があるということ

日本人のコミュニケーション能力が弱いのは，単なる言葉の問題ではなく，主張する中味がない，つまり自分の意見がないからである。小さい頃から自分の意見が尊重され，たとえその意見が間違っていたとしても主張することが認めれるという積み重ねがあって，日頃考えていることや感じていることが表現でき，それが相手に届いていく。自分の意見や考えを表現しないうちに，いつのまにか意見さえも失っている今の状況を変えていかなければならない。

5-2 お互いに主張しあうということ

たとえ意見があっても，それを主張しあわなければ相手に伝わらない。したがってコミュニケーションを図るためには，どうし

ても主張する場が必要である。

　教室の人数が多くなれば，当然時間的にも主張する場が制限されるが，それ以上に多人数の中で自分の意見を述べることには勇気が必要である。日本人が主張しない背景として，1クラスの人数が多いということもある。

5-3　相手の主張をお互いに十分聞くということ

　「話し上手は聞き上手」という言葉があるが，日本では多くの場合，一方的に話すタイプか逆にずっと聞くタイプに分けられてしまう。自分の主張を聞いてもらうためには，相手の主張を十分に聞くという姿勢がなければならない。「ディベート」などが英語教育に持ちこまれて，相手を論破することが「コミュニケーション重視」の脈絡でとらえられがちであるが，本来の趣旨は，意見の違いをどう理解しあっていくのかということになるのではないか。

5-4　お互いに違いを認めるということ

　コミュニケーションの最も重要なポイントは，意見の違いをふまえて，お互いの違いを認めあうこと，つまり存在を認めあうことであろう。実践の中で，お互いが考えていることの違いを認めあえるようなものができたときに，「コミュニケーションが図られた」ということになるのではないか。

　いじめや不登校の問題が深刻化する中で，この「お互いの違いを認めるということ」が進めば，状況も変わってくるのではないか，というのが私の「コミュニケーション論」の到達点でもある。

6 教師の力量とは

　教師生活を通じて，私なりに「英語教師たるもの」を考えてみた。中学で英語に落ちこぼれかかった自分が，ふとしたきっかけで英語に取り組み，結果的に英語教師となって，生徒に英語を教える立場にいる。何とも不思議な思いである。

　そんな私の過去から考えると，「教師の力量」云々するのはどうかという声も聞こえてきそうであるが，だからこそ「力量」を考えることができるとも言える。

　「英語教師たるもの」の第1として，まず「人間としての生きる力」の重要性を挙げたい。さまざまなものへの好奇心，ものを生み出す創造力，考え出す想像力，そして自己変革への信頼などである。好奇心を支えるものとしての心のゆとり，創造力を支える生産の喜び，想像力を豊かにするさまざまな経験，そして自己変革を支える豊かな人間関係が必要である。

　さらに，社会への関心と行動力も教師としての力量の原点である。社会を少しでもよくしていくという意識が，生徒とのぶつかりあいの中でも生かされる。英語という科目は，さまざまな人間の生き方が登場する科目で，常に教師自身の生き方が問われてくる。キング牧師，チャップリン，ガンジーなどなど，素晴らしい生き方をした人々に教材の中で出会って，自分はどうするのかを考えさせられる。結果として私自身が何かを始めることにつながってきた。スリランカに教育里子を持ったり，「ベトナムにおもちゃを送る会」を組織して10年近くおもちゃや文房具などを送ってきているのもその結果である。

　「英語教師たるもの」の第3として，教育への情熱と子どもへの愛情を挙げたい。多くの生徒たちに接してきたが，その中にはなかなか心が通いあわないこともあった。しかし彼ら彼女らも，

それぞれの生活の重みを抱えて苦悩しているという姿が見えてくると，何とかなるのではないかと思えてきた。高校3年間あるいは4年間（定時制高校）という短いかかわりあいの中で，生徒たちが成長していく姿は，何にもかえがたい喜びである。英語がわからない，嫌いと言っていた生徒が，「英語って面白そうだ」「少しわかった」というふうに変化したら，教師冥利につきる。

　私自身は英語が苦手というところから出発したので，なかなか英語というものに愛着を持てないでいたが，英語教師は英語への愛着心と英語によるコミュニケーションを楽しむ姿勢を持ち続けることが必要である。英語が少しできるおかげで，世界中に友だちができたし，それを生徒に還元することもできた。

　「英語教師たるもの」の最後に，生徒と共に学ぶ力を挙げてみたい。教育とは「おしえ・はぐくむ」と読みかえるが，どうも上からの言葉になっている。前にも触れたが「授業」も「さずける」である。同じ「きょういく」でも「共育」とすれば「ともに・はぐくむ」という立場にかわる。生徒も教師も，お互いに育ちあう関係を保ちつづけることが重要であることを述べてまとめにかえたい。

資料編

1. 参考・参照文献及び資料

第1章
『だから，あなたも生きぬいて』（大平光代：講談社）2000年
『エミール』（ルソー著・今野一雄訳：岩波書店）1962年
『ロビンソン・クルーソー』（デフォー著・平井正穂訳：岩波書店）1967年
『伝達か対話か』（フレイレ著・楠原彰他訳：亜紀書房）1982年
『高等学校学習指導要領解説』（文部省：開隆堂出版）1999年
『日本の民主教育2001』（教育研究全国集会実行委員会編：大月書店）2001年
「特集＝英語教師のためのブックガイド」『英語教育』（大修館書店）2002年5月号
「資料・総目次・索引」『新英語教育講座』20巻（三友社）1988年
『片仮名語の使用について』（川崎市総務局）1998年

第2章
『映画ビデオ等を教育に使用する時の著作権ハンドブック』（映画英語教育学会編）1998年
『改訂版級別式高校英語の基礎』（瀧口優他：三友社）1991年
『たのしい英文法』（林野滋樹：三友社）1975年

第3章―1
「特集＝語彙指導を充実する」『現代英語教育』（研究社）1993年3月号

「特集＝単語で広がる英語の世界」『新英語教育』（三友社）1997年9月号

『英会話・やっぱり・単語』（守　誠：講談社）1996年

『高校英単語・基礎編』（瀧口優：三友社）1998年

『高校英単語・標準編』（上原重一・瀧口優：三友社）1998年

『英語教育学・理論と実践の結合』（太田垣正義：開文社出版）1999年

『Techniques in Vocabulary Teaching』（V.F.Allen:Oxford University Press）1983年

『Vocabulary』（J.Morgan & M.Rinvolucri:Oxford University Press）1986年

「英語教育と語彙指導をめぐって」『白梅学園短期大学紀要』（瀧口優：白梅学園短期大学）2000年

「高校教科書に氾濫するカタカナ英語」『新英語教育』（瀧口優：三友社）1997年9月号

第3章―2

『英語教師のパソコンライフ』（池上博：研究社）1991年

『英語教師のパソコンガイド』（金田正也：大修館書店）1991年

「特集＝インターネットと英語教育」『英語教育別冊』（大修館書店）1996年11月別冊

「特集＝マルチメディア時代の英語研究」『英語教育』（大修館書店）1997年2月号

『埼玉高等学校英語教育研究会会報』34号（埼玉高等学校英語教育研究会）1998年

第3章―3

『高校生のためのポップス英文法』（瀧口優：筑摩書房）1994年

「歌を授業に取り入れる」『英語教育別冊』（瀧口優：大修館書店）1995年5月別冊

『Definitely the Beatles』（瀧口優：三友社）1999年

「歌と映画を授業に使うためのリソース」『英語教育』（瀧口優：大修館書店）1997年8月号

「映画・ビデオの利用」『英語教育増刊号』（瀧口優：大修館書店）1999年10月増刊号

「群読への試み」『新英語教育講座』15巻（瀧口優：三友社）1988年

『授業に活かせる英語のゲーム』（垣田直巳：大修館書店）1983年

「特集＝英語科の授業づくりと評価・評定を考える」『新英語教育』（三友社）2000年2月号

第3章ー4

『広辞苑第四版』（岩波書店）1991年

『DICTIONARY OF CONTEMPORARY ENGLISH』（LONGMAN）1995年

「埼玉高英研アンケートのまとめ」『埼玉県高等学校英語教育研究会会報』31号（瀧口優：埼玉県高等学校英語教育研究会）1995年

『全脳型勉強のすすめ』（品川嘉也：講談社）1993年

第3章ー5

「今こそ教室の外へ足を踏み出そう」『新英語教育講座』16巻（瀧口優：三友社）1988年

「英語を通して学校・学級平和運動を」『新英語教育講座』18巻（瀧口優：三友社）1988年

「一生の思い出となります」『高校英語の授業』（瀧口優：三友社）1985年

第4章

『子どもの権利教育マニュアル』（D. セルビー著・河内德子他

訳：日本評論社）1995年

『暴力の文化から平和の文化へ』（平和の文化をきずく会編：平和文化）2000年

「『教える』から『学ぶ』への転換」『英語教育別冊』（瀧口優：大修館書店）2002年5月別冊

「感想文の処理」『新英語教育講座』12巻（瀧口優：三友社）1988年

第5章

『英語教育の理論』（伴和夫：三友社）1997年

『英語教育で何を教えるのか』（長谷川清：高文研）1988年

『小学校への英語教育の導入について考える』（田中渡：さいたまの教育と文化）2001年

「早期教育についての調査」『新英語教育』（瀧口優：三友社）1994年7月号

『これでいいの，早期英語教育』（瀧口優他：三友社）1998年

「小学校からの英語教育は必要か」『インターネット・ディベート』（瀧口優 vs 渡邊寛治：NHK衛星第一）2001年

2. 英語の授業で使える「歌」一覧

曲　名	演奏者	主題等	文法
A HAZY SHADE OF WINTER	Simon & Garfunkel	人生・希望	分詞構文
ALL I WANT FOR CHRISTMAS IS YOU	Mariah Carey	愛	関係代名詞省略
ALL MY LOVING	The Beatles	愛	命令文
ALL YOU NEED IS LOVE	The Beatles	愛	関係代名詞
AMAZING GRACE	Lena Maria	平和・人権	感嘆文
ANNIE'S SONG	John Denver	愛	命令文

A PLACE IN THE SUN	Stevie Wonder	愛・人生	関係副詞
A WHOLE NEW WORLD	Peabo Bryson & Regina Belle	愛	文型
BEAUTIFUL BOY	John Lennon	子ども・愛	不定詞
BEAUTY AND THE BEAST	Celine Dion & Peabo Bryson	愛	比較
BLESS THE BEASTS AND CHILDREN	Carpenters	子ども・動物	命令文
BLOWIN' IN THE WIND	Bob Dylan	平和	疑問文
BRIDGE OVER TROUBLED WATER	Simon & Garfunkel	愛・人生	接続詞
CANDLE IN THE WIND 1997	Elton John	人類愛	助動詞 (may)
CAN'T HELP FALLING IN LOVE	Elvis Presley	愛	助動詞
CAN YOU FEEL THE LOVE TONIGHT	Elton John	愛・人生	不定詞
CHILDREN OF THE SEA	Agnes Chan	平和・夢	関係副詞
CHIQUITITA	ABBA	子ども	関係代名詞省略
CHRISTMAS EVE	山下達郎	愛	仮定法
DANCING QUEEN	ABBA	愛	分詞
DAYDREAM BELIEVER	The Monkees	愛	仮定法
DO-RE-MI	Julie Andrews	平和	不定詞
DO THEY KNOW IT'S CHRISTMAS	BAND AID	連帯・救済	関係副詞 (where)
EBONY AND IVORY	Paul McCartney & Stevie Wonder	人権・協力	関係代名詞 (what)
EDELWEISS	Julie Andrews	平和	不定詞
EL CONDOR PASA	Simon & Garfunkel	人生・平和	仮定法
ELLIE MY LOVE	Ray Charles	愛・人生	仮定法

ENDLESS LOVE	Luther Vandross & Mariah Carey	愛	関係代名詞
ETERNAL FLAME	The Bangles	愛	分詞
ETERNALLY	(映画 Limelight)	愛	未来形
EYES ON ME	フェイ・ウォン	愛・人生	関係副詞
FAITHFULLY	Journey	愛	分詞構文
FEELING	Hi-Fi Set	失恋	仮定法
FIRST OF MAY	The Bee Gees	愛	現在完了形
FREEDOM	Wham!	愛	文型
FROM A DISTANCE	Bette Midler	平和・連帯	分詞構文
GIVE PEACE A CHANCE	John Lennon	平和	現在進行形
GO WEST	Pet Shop Boys	出発	未来形
GRADUATION PHOTOGRAPH	A.S.A.P	人生・出発	現在完了形
GRANDFATHER'S CLOCK	平井 堅	人生	比較
GREATEST LOVE OF ALL	Whitney Houston	子ども・人生	命令文
GREEN, GREEN GRASS OF HOME	Tom Jones	人生・故郷	不定詞
HAPPY BIRTHDAY	Stevie Wonder	夢・理想	仮定法
HAPPY CHRISTMAS (WAR IS OVER)	John Lennon	平和・人権	関係代名詞
HEAL THE WORLD	Michael Jackson	連帯・救済	仮定・条件
HELP!	The Beatles	人生	現在完了形
HERO	Mariah Carey	人生	条件
HEY JUDE	The Beatles	人生	命令文
HOBO'S LULLABY	Arlo Guthrie	人生・社会	命令文
HONESTY	Billy Joel	人生	不定詞

HOTEL CALIFORNIA	Eagles	人生	時制
HUSH-A-BYE	(traditional)	子ども・人生	分詞構文
HYMN TO LOVE	Corey Hart	愛・人生	仮定法
I AM BUT A SMALL VOICE	Roger Whittaker	子ども・人生	But
I DO IT FOR YOU	Bryan Adams	愛	助動詞
I DON'T WANT TO MISS A THING	Aerosmith	愛	仮定法
I JUST CALLED TO SAY I LOVE YOU	Stevie Wonder	愛	不定詞
IF WE HOLD ON TOGETHER	Diana Ross	夢・連帯	未来形
IF YOU LOVE ME	Brenda Lee	愛	仮定・条件
IMAGINE	John Lennon	平和・連帯	命令文
I NEED TO BE IN LOVE	Carpenters	愛	現在完了形
IN MY LIFE	The Beatles	人生	未来形
I STILL HAVEN'T FOUND WHAT I'M LOOKING FOR	U2	愛・人生	現在完了形
IT'S A SMALL WORLD	(sound track)	世界・連帯	There is
IT'S YOUR DREAM	Nikka Costa	夢・人生	接続詞
JOHN BROWN'S BODY	Pete Seeger	平和	現在形
JUST THE WAY YOU ARE	Billy Joel	愛	否定
KILLING ME SOFTLY WITH HIS SONG	Roberta Flack	愛	分詞構文
KING HOLIDAY	King Dream Chorus	人生・平和	関係代名詞
LA ISLA BONITA	Madonna	愛	関係副詞
LAST CHRISTMAS	Wham!	失恋	時制
LET IT BE	The Beatles	人生	使役動詞
LOVE	John Lennon	愛・人生	第2文型

LOVE MAKES THE WORLD GO ROUND	Madonna	子ども・平和	不定詞
LOVE ME TENDER	Elvis Presley	愛	命令文
(WHERE DO I BEGIN) LOVE STORY	Andy Williams	愛・人生	前置詞
MELODY FAIR	The Bee Gees	愛・子ども	分詞構文
MEMORY	(CATS: musical)	人生	助動詞
MICHAEL, ROW THE BOAT ASHORE	(Negro Spiritual)	連帯	命令文
MOON RIVER	Andy Williams	愛・夢	現在進行形
MORE	Andy Williams	愛	比較
MOTHER	John Lennon	家族	過去形
MOTHER OF MINE	Agnes Chan	家族	助動詞
MR. LONELY	Bobby Vinton	平和・愛	仮定法
MR. MOONLIGHT	The Beatles	愛	現在形
MY HOMETOWN	Bruce Springsteen	人生	過去形
MY WAY	Frank Sinatra	人生	現在完了形
NOW AND FOREVER	Richard Marx	愛	関係代名詞
ONE MAN'S HANDS	Pete Seeger	連帯	助動詞 (can)
OPEN ARMS	Journey	愛	分詞構文
OVERJOYED	Stevie Wonder	愛	現在完了形 (進行形)
PIANO MAN	Billy Joel	人生	話法
PRIDE (IN THE NAME OF LOVE)	U2	人権・愛	時制
PUFF	Peter, Paul & Mary	子ども	過去形

QUE SERA SERA	Doris Day	子ども・人生	未来形
REALITY	Richard Sanderson	愛・夢	動名詞
RED RIVER VALLEY	(Cowboy song)	故郷・愛	現在進行形
RHYTHM OF THE RAIN	The Cascades	失恋	分詞構文
SAILING	Rod Stewart	故郷・愛	現在進行形
SCABOROUGH FAIR	Simon & Garfunkel	故郷・愛	命令文
SEVEN DAFFODILS	The Brothers Four	愛	助動詞
SING	Carpenters	人生	命令文
SMILE	Michael Jackson/ Natalie Cole	愛	未来形
SOMEDAY AT CHRISTMAS	Stevie Wonder 中山美穂	平和	未来形
SO MUCH IN LOVE	Timothy B. Schmit	愛	接続詞
SONG FOR NADIM	Yann Andersen	子ども・平和	助動詞
STAND BY ME	Ben E. King	子ども・人生	仮定法
STREETS OF PHILADELPHIA	Bruce Springsteen	人権（エイズ・同性愛）	文型
SUKIYAKI	4P.M.	失恋	節
SUNSHINE ON MY SHOULDERS	John Denver	自然・愛	仮定法過去
TAKE IT TO THE LIMIT	Eagles	失恋・人生	現在完了形
TAKE ME HOME COUNTRY ROADS	John Denver	故郷・人生	仮定法過去完了

TEACH YOUR CHILDREN	Crosby Stills, Nash & Young	自立	命令文
TEARS ARE NOT ENOUGH	Northern Lights	連帯	接続詞
TEARS IN HEAVEN	Eric Clapton	家族・愛	仮定法過去
THANK YOU FOR THE MUSIC	ABBA	人生	接続詞
THAT'S WHAT FRIENDS ARE FOR	Dionne Warwick & Friends	連帯・救済	接続詞・関係詞
THE BOXER	Simon & Garfunkel	人生	関係副詞
CRUEL WAR	Peter, Paul & Mary	平和・愛	助動詞
THE END OF THE WORLD	Skeeter Davis	失恋・人生	疑問詞 (why)
THE FOOL ON THE HILL	The Beatles	人生・人権	現在進行形
THE LONG AND WINDING ROAD	The Beatles	人生・愛	現在完了形
NEVER ENDING STORY	Limahl	夢	命令文
THE POWER OF LOVE	Huey Lewis & The News	愛・人生	比較
THE POWER OF LOVE	Celine Dion	愛	文型
THERE BUT FOR FORTUNE	Joan Baez	人生・平和	関係副詞 (why)
RIVER OF DREAMS	Billy Joel	人生・夢	現在完了進行形
THE ROSE	Bette Midler	人生・夢	関係代名詞 (that)
THE SOUND OF SILENCE	Simon & Garfunkel	人生	動名詞
LAST NIGHT I HAD THE STRANGEST DREAM	Pete Seeger	平和	過去形
THE WAR SONG	Culture Club	平和	現在形

THIS LAND IS YOUR LAND	Woody Guthrie	平和・連帯	現在進行形
TO BE WITH YOU	Mr. Big	愛	不定詞
TO LOVE YOU MORE	Celine Dion	愛	関係代名詞
TOP OF THE WORLD	Carpenters	愛	節
TRUE COLORS	Cyndi Lauper	人権・人生	命令文
TRY TO REMEMBER	Brothers Four	人生・自然	不定詞
UNCHAINED MELODY	Righteous Brothers	愛	現在完了形
WE'RE ALL ALONE	Boz Scaggs	愛	命令文
WE ARE THE CHAMPIONS	Queen	人生	現在完了形
WE ARE THE WORLD	USA for Africa	連帯	関係副詞
WE CAN STAND	黒坂正文	人権・環境	助動詞(can)
WE SHALL OVERCOME	Pete Seeger	平和・人権	未来形
WHAT A WONDERFUL WORLD	Louis Armstrong	人生	SVOC
WHEN YOU WISH UPON A STAR	Olivia Newton-John	夢・希望	接続詞(when)
WHERE HAVE ALL THE FLOWERS GONE	Pete Seeger	平和	現在完了形
WHITE CHRISTMAS	Bing Crosby	自然	助動詞(may)
YESTERDAY	The Beatles	失恋	不定詞
YESTERDAY ONCE MORE	Carpenters	人生	節
YOU NEEDED ME	Ann Murray	愛	文型
YOUR SONG	Elton John	愛	仮定法
ZERO LANDMINE	坂本龍一	平和	進行形

(この表にあるものは実際に授業で使用したもののみである。)

3. 英語の授業で使える「映画・ビデオ」一覧
(時間の欄に＊のついているものはビデオ)

英　　題	邦　　題	時間 (分)	テーマ
A KING IN NEW YORK	ニューヨークの王様	105	社会・異文化
A RIVER RUNS THROUGH IT	リバー・ランズ・スルー・イット	123	自然・故郷
ALADDIN	アラジン	91	平和・愛・人生
AMAZING GRACE	アメイズィング・グレイス	＊45	平和・人権
AMISTAD	アミスタッド	155	奴隷制度
ANNE OF GREEN GABLES	赤毛のアン	126	愛・人生
ANNIE HALL	アニー・ホール	94	人生・愛
BRASSED OFF	ブラス	108	人生・愛
BUTCH CASSIDY AND THE SUNDANCE KID	明日に向かって撃て！	111	人生
CASABLANCA	カサブランカ	103	平和・愛・人生
CHAPLIN	チャップリン	＊45	人生
CHAPLIN: A CHARACTER IS BORN	喜劇王チャップリンの誕生	＊42	人生
CHAPLIN:HIS SECRET STORY	チャップリン秘話	77	平和・人生
DANCES WITH WOLVES	ダンス・ウィズ・ウルブズ	180	先住民族
DEAD POETS SOCIETY	いまを生きる	115	人生・自由
E.T. THE EXTRA-TERRESTRIAL	E.T.	115	子ども・異文化
EAST OF EDEN	エデンの東	115	労働・戦争・家族

FIELD OF DREAMS	フィールド・オブ・ドリームス	107	人生・夢
FORREST GUMP	フォレスト・ガンプ／一期一会	140	愛・障害・家族
GANDHI	ガンジー	187	非暴力・愛
GHOST	ゴースト ニューヨークの幻	127	愛
I HAVE A DREAM	アイ・ハヴ・ア・ドリーム	*17	人権
KAGIRINAKU YASASHII HIBINOTAMENI	かぎりなくやさしい日々のために	*45	人生
M.L.KING	キング牧師	*50	自由・差別
MODERN TIMES	モダン・タイムス	87	社会・労働
MOMO	モモ	105	人生
MONSIEUR VERDOUX	殺人狂時代	124	平和・人生
PATCH ADAMS	パッチ・アダムス	115	人生・愛
PLATOON	プラトーン	115	戦争・平和
POCAHONTAS	ポカホンタス	81	先住民族
ROMAN HOLIDAY	ローマの休日	118	愛・身分
SCHINDLER'S LIST	シンドラーのリスト	140	戦争・平和・民族
SHINE	シャイン	105	人生・愛
STAND BY ME	スタンド・バイ・ミー	83	人生・冒険
TARZAN	ターザン	88	人生・愛
THE BELLS OF NOTRE DAME	ノートルダムの鐘	91	障害・愛
THE DIARY OF ANNE FRANK	アンネの日記	170	平和・愛・人生
THE GOLD RUSH	黄金狂時代	72	社会・労働
THE GREAT DICTATOR	独裁者	140	平和・愛・人生
THE LION KING	ライオン・キング	87	自然・勇気

THE MIRACLE WORKER	奇跡の人	103	障害・愛
THE SECRET GARDEN	秘密の花園	102	人生・愛
THE SOUND OF MUSIC	サウンド・オブ・ミュージック	175	平和・愛
TITANIC	タイタニック	196	人生・愛
WE ARE THE WORLD	ウイ・アー・ザ・ワールド	＊50	連帯・救済
WE SHALL OVERCOME	ウイ・シャル・オーバーカム	＊45	平和・人権
WHERE HAVE ALL THE FLOWERS GONE	花はどこへ行った	＊75	戦争・平和
THE WIZARD OF OZ	オズの魔法使	101	人生

（この表にあるものは実際に授業で使用したもののみである。）

[著者略歴]

瀧口 優（たきぐち　まさる）

1951年，埼玉県生まれ。1974年，東京教育大学文学部文学科英語学英文学専攻卒業。

現在，白梅学園短期大学助教授。

主な著書：『高校生のためのポップス英文法』（筑摩書房）1994，『映画英語教育のすすめ』（共著，スクリーンプレイ）1995，『生徒を励ます英語の授業と評価』（共著，三友社）1996，など。

英語教育21世紀叢書
【アイディア集】「苦手」を「好き」に変える英語授業
©TAKIGUCHI Masaru, 2003

NDC 375 192p 19cm

初版第1刷──2003年4月1日
　第2刷──2004年9月1日

著者────瀧口　優
発行者───鈴木一行
発行所───株式会社大修館書店
　　　　　〒101-8466　東京都千代田区神田錦町3-24
　　　　　電話03-3295-6231（販売部）　03-3294-2357（編集部）
　　　　　振替00190-7-40504
　　　　　[出版情報]　http://www.taishukan.co.jp/

装丁者───中村慎太郎
印刷所───文唱堂印刷
製本所───難波製本

ISBN4-469-24483-X　Printed in Japan

Ⓡ本書の全部または一部を無断で複写複製（コピー）することは，著作権法上での例外を除き禁じられています。